INHALT

> SZENE

S. 12–15: Trends, Entdeckungen, Hotspots! Was wann wo in der Normandie los ist, verrät der MARCO POLO Szeneautor vor Ort

> 24 STUNDEN

S. 102/103: Action pur und einmalige Erlebnisse in 24 Stunden! MARCO POLO hat für Sie einen außergewöhnlichen Tag im Calvados zusammengestellt

> LOW BUDGET

Viel erleben für wenig Geld! Wo Sie zu kleinen Preisen etwas Besonderes genießen und tolle Schnäppchen machen können:

La Route de la Table: lokale Spezialitäten der Manche zum Schnäppchenpreis S. 41 | Ganz umsonst: Einblicke in den normannischen Alltag vergangener Zeiten S. 68 | Spektakulär: die Überquerung der Seinemündung auf dem Pont de Normandie – sonntags zum halben Preis S. 88

> GUT ZU WISSEN

Was war wann? S. 10 | Ein Maler des Lichts S. 18 | Blogs & Podcasts S. 20 | Spezialitäten S. 26 | Inselhopping S. 39 | Käse aus der Normandie S. 74 | Wohnmobile S. 82 | www.marcopolo.de S. 112 | Was kostet wie viel? S. 113 | Wetter in Deauville S. 116

AUF DEM TITEL

Die Hafenviertel sind die neuen Szenetreffs S. 15
Idyllische Perche S. 50

ENTDECKEN SIE DIE NORMANDIE!

Unsere Top 15 führen Sie an die traumhaftesten Orte und zu den spannendsten Sehenswürdigkeiten

Die Highlights sind in der Karte auf dem hinteren Umschlag eingetragen

1 Halbinsel La Hague
Normannische Bilderbuchdörfer ducken sich in sturmzerzauster Landschaft rund um das Cap de la Hague (Seite 37)

2 Granville
Spektakuläre Lage über der Bucht von Saint-Michel und viel Ambiente im „Monte Carlo des Nordens" (Seite 41)

3 Le Mont-Saint-Michel
Auf dem kolossalen Klosterberg herrscht nicht umsonst großer Andrang (Seite 44)

4 Le Pin-au-Haras
Das berühmteste Gestüt Frankreichs, edle Pferde und Gespanne (Seite 51)

5 Tapisserie de Bayeux
Comics à la normande aus dem 11. Jh. in 58 Szenen auf einen Wandteppich gestickt (Seite 52)

6 Caen
Eine lebendige, brodelnde Universitätsstadt im Herzen des Calvados (Seite 55)

7 Côte Fleurie
Cabourg, Deauville und Trouville: seit zwei Jahrhunderten *die* Badeküste in Frankreichs Norden (Seite 59)

8 Honfleur
Wer nicht in der malerischen alten Seefahrerstadt Honfleur war, hat die Normandie nicht gesehen (Seite 64)

> DIE BESTEN MARCO POLO HIGHLIGHTS

9 Pont de Normandie
Brückenarchitektur der Superlative (Seite 65)

10 Les Andelys
Erhaben, mächtig, weit blickend – Château Gaillard von Richard Löwenherz (Seite 79)

11 Giverny
Ein unverzichtbarer Abstecher an die Seine für alle Gartenliebhaber und Fans des Malers Claude Monet (Seite 81)

12 Le Havre
Betonarchitektur von Weltrang: Das hochmoderne Stadtensemble wurde von der Unesco zum Welterbe erklärt (Seite 84)

13 Étretat
Neben dem Mont-Saint-Michel vermutlich *das* Normandiefoto schlechthin: Falaise d'Aval, Falaise d'Amont und die Aiguille, die schneeweißen Kreideklippen von Étretat in atemraubenden Formationen (Seite 88)

14 Rouen
In der von Fachwerk und unzähligen Kirchtürmen geprägten „Museumsstadt" an der Seine steht eine besonders eindrucksvolle gotische Kathedrale (Seite 90)

15 Jumièges
Die Benediktinerabtei gilt als schönste Ruine Frankreichs und flößt Ehrfurcht vor Baumeistern und Mönchen ein (Seite 94)

Le Mont-Saint-Michel

AUFTAKT

Seit mehr als einem Jahrtausend gilt Millionen Menschen aus ganz Europa schon der Weg in die Normandie als Ziel: Sie streb(t)en als Pilger zum Mont-Saint-Michel, dem „Wunder des Abendlands". Trotz ihres Weltruhms ist die imposante Klosterfestung auf einem Felskegel im Meer aber nur eine unter vielen Attraktionen der Region im Nordwesten Frankreichs. Ob Ihre Urlaubsträume eher mit Strandspaß und sportbedingten Adrenalinstößen zu tun haben, mit üppig wuchernder, grüner Natur oder eher mit Kulturerlebnis und kulinarischem Genuss: Sie werden hier den Stoff finden, aus dem diese Träume sind!

> Die Normandie – auch und vor allem ein Inbegriff klassischer „Sommerfrische": In Seebädern wie Cabourg, Deauville, Dieppe oder Granville begann für Kontinentaleuropa die Geschichte des Küstentourismus. Schon 1812 begab sich der Pariser Hofstaat nach Dieppe *pour prendre l'air* (um Luft zu schnappen). Mitte des 19. Jhs. importierten dann die Engländer, Nachbarn auf dem anderen Ufer des Ärmelkanals, das Baden im Meer.

Jahrhundertelang war die Normandie die reichste Provinz Frankreichs. Sie versorgte die rasch wachsende Bevölkerung von Paris mit Lebensmitteln, ihr Steueraufkommen finanzierte ein Viertel des Staatshaushalts. Wirtschaftlicher Reichtum zog den kulturellen nach sich. So weist die Region einen üppigen Schatz an Baudenkmälern auf – allen voran das Wahrzeichen der Normandie: der Klosterberg Mont-Saint-Michel. Die gotischen Kathedralen von Rouen, Bayeux oder Coutances zählen ebenso dazu wie prachtvolle Abteien oder deren immer noch beeindruckende Ruinen. Dazu Hunderte Schlösser aller Stilrichtungen sowie zahllose Herrensitze *(manoirs)* und Gutshöfe, die unweigerlich den Traum vom „Schöner Wohnen" wecken.

Normannen neigen nicht zur Euphorie – und schon gar nicht zum überschwänglichen Geldausgeben. Wer mit dem Meer lebt, dieser, wie man hier sagt, „großen Dame", der man tunlichst Respekt zollen sollte, tendiert wohl zur Vorsicht. Denn wo gerade noch eine sanfte Dünung an der Küste ausrollt, krachen vielleicht morgen schon mächtige Brecher an Land. Und wer kann sagen, ob das Schiff am Horizont friedliche Absichten hegt? Kamen doch die Wikinger, die die Region erst ausraubten, danach besiedelten und ihr als „nortimannen" anschließend zum Namen verhalfen, übers Meer. So wie die Engländer im Hundertjährigen Krieg, die spanische Armada, die deutsche Kriegsmarine …

Am 6. Juni 1944 allerdings war klar, wer in welcher Absicht über den Ärmelkanal kam: die alliierte Landungsflotte auf dem Weg, die „Festung Europa" vom Naziregime zu befreien. Wochenlang herrschte danach in der Normandie das flammende Inferno. Städte wie Caen, Le Havre, Cherbourg oder Saint-Lô lagen in Schutt und Asche. Eine Periode, die vor allem im Umfeld der Landungsstrände gegenwärtig bleibt. Die Normandie hat historisch gesehen aber nicht nur eingesteckt, sie hat auch kräftig ausgeteilt – in Person von Wilhelm dem Eroberer etwa, der 1066 auszog, um England für sich zu gewinnen. Später raubten seine Landsleute als Korsaren auf den Weltmeeren nach allen Regeln der Piratenkunst.

> Hier begann die Geschichte des Küstentourismus

Der berühmteste Normanne? Mit Sicherheit Christian Dior. Sein Geburtshaus in Granville gilt vielen als Kultstätte der Haute Couture. Der Staatsphilosoph Alexis de Tocqueville gehört zu den Geistesgrößen der Normandie, ebenso der Dichter Jacques Prévert. Und was wäre aus dem Impressionismus eines Claude Monet, Edgar Degas, Eugène Boudin oder Camille Pissarro geworden, hätte ihnen das Land nicht seine unvergleichlichen Vorlagen geliefert?

Politisch gliedert sich die Normandie in fünf Departements: Manche, Calvados und Orne im Westen bilden zu-

scherhäfen prägen nach wie vor das Bild der Küste, wenngleich auch für

> Monet, Degas, Boudin: das Land der großen Impressionisten

die normannische Fangflotte die Ressourcen knapper werden.

Unesco-Welterbe: Auguste Perret war der führende Architekt beim Wiederaufbau von Le Havre

sammen die Basse (Untere) Normandie, Seine-Maritime und Eure im Osten die Haute (Obere) Normandie. Die Landwirtschaft gibt hier wie dort den Ton an. Sie profitiert vom wärmenden Golfstrom, der nebenbei für erfreulich milde Wassertemperaturen im Meer sorgt. Ein guter Teil der französischen Milchkühe grast hier, ein noch größerer Teil der Vollblutpferde ebenso. Einige Dutzend Fi-

Die Arbeit von Bauern und Fischern findet ihren Widerhall auf den Speisekarten der Region. Bei den Franzosen steht die Normandie für Käse, Butter und Sahne einerseits sowie für Calvados und Cidre andererseits. Kurze Wege vom Produzenten zum Verbraucher sorgen für eine hervorragende Qualität der meisten Lebensmittel. Leider haben auch Fische und Meeresfrüchte trotz der Küstenlage

WAS WAR WANN?

Geschichtstabelle

3000 v. Chr. Erste Ansiedlungen

1000 v. Chr. Kelten besiedeln die Normandie

56 v. Chr. Cäsar erobert Gallien. Erste römische Stadtgründungen: Caen, Coutances, Lisieux, Rouen

ab 2. Jh. n. Chr. Christianisierung. Rouen wird erster Bischofssitz

6./7. Jh. Zahlreiche Kloster- und Kirchengründungen. 709 entsteht Mont-Saint-Michel

841 Wikinger überfallen die Normandie. Städte und Land werden geplündert und zerstört

911 Wikingerführer Rollo wird erster Herzog der Normandie

1066 Wilhelm der Eroberer siegt bei Hastings und wird König von England

1204 Das anglonormannische Reich zerfällt und wird französische Provinz

1431 Jeanne d'Arc wird in Rouen auf dem Scheiterhaufen verbrannt

1468 Die Normandie wird Teil des französischen Königreichs

1822 Bau des ersten Kasinos in Dieppe

1940 Besetzung der Normandie durch deutsche Truppen

1944 Landung der Alliierten an den normannischen Küsten. Viele Städte werden zerstört

2004 Mit Gerhard Schröder ist erstmalig ein deutscher Bundeskanzler bei den Feierlichkeiten zum „D-Day" eingeladen

2012 Voraussichtliches Ende der Baumaßnahmen gegen die Verlandung des Mont-Saint-Michel

angesichts weltweiter Überfischung ihren Preis.

Apropos Küste: Da gibt es auf mehr als 600 km Länge etwas für jeden Geschmack. Im Nordosten stehen mächtige Kreideklippen Fuß bei Fuß hinter den Kiesstränden der Côte d'Albâtre, der Alabasterküste, darunter das zweite Wahrzeichen der Normandie, die 70 m hohe, fast nadelspitze Aiguille bei Étretat. Weiter westlich folgen die mondäne Côte Fleurie (Blumenküste), die Côte de Nacre (Perlmuttküste) und die Plages de Débarquement, die Landungsstrände im Calvados mit Namen wie Utah Beach oder Omaha Beach. Ganz im Westen locken die fast unendlichen Sandstrände des Departements Manche, unterbrochen von faszinierenden Felskaps wie am Nez de Jobourg, am Cap de Carteret oder in und südlich von Granville.

Wer aber glaubt, die Normannen verstünden sich als reine Meeresanrainer, irrt: Entdeckungstouren durch das grüne Hinterland zeigen, warum. Die von unendlich vielen Flusstälern – allen voran natürlich das der Seine – geprägte Landschaft entwickelt mit ihrer Ruhe und ihrer Farbenpracht einen Reiz, dem man sich kaum entziehen kann. Weite Teile der Region wurden als Naturparks ausgewiesen. Und trotz der touristischen Beliebtheit hat sich die Normandie ihren urtümlichen Charme bewahrt. Sie kommt praktisch ohne Bettenburgen aus. Die Gästebetten verteilen sich auf nahezu 1000 Hotels. Rund 400 Campingplätze bieten relativ preiswerte Urlaubsdomizile. Und vom

Schloss über Ferienhäuser und -appartements bis zum Wohnwagen

> *Mächtige Kreideklippen und endlose Sandstrände*

kann man nahezu alles mieten – außer vielleicht im Hochsommer: Dann plant, erschließt sich die Region auf verkehrsarmen Straßen durch Bilderbuchlandschaften mit dem Rad. Auf den größeren Flüssen finden Kanu- und Kajakfreunde ihr Revier. Golfern gilt die schon häufig für ihr Angebot ausgezeichnete Region als ideales Terrain. Und selbst Felskletterer müssen nicht auf ihren Sport verzichten.

Apfelkuchen, Apfelwein, Apfelschnaps: unterwegs im Apfeldepartement Calvados

sind die meisten Adressen schon lange im Voraus ausgebucht.

Das Spektrum für Aktivitäten beschränkt sich nicht auf Wasser- und Strandsport. Ein gut strukturiertes Netz von Wanderwegen – allen voran der „Zöllnerpfad", der die gesamte Normandieküste erschließt –, lockt Spaziergänger, Jogger und Nordic Walker. Wer seine Strecken klug

Kurzum: Die Normandie bietet eine Palette an Attraktionen, die kaum einen Wunsch offen lässt. Die Frische des Maritimen, der rustikale Reiz des Hinterlands und das urbane Flair von Großstädten wie Caen, Rouen oder Le Havre – das mit seiner stilprägenden Nachkriegsarchitektur inzwischen zum Unesco-Erbe der Menschheit zählt – mischen sich zu einem faszinierenden Cocktail.

WAS IST ANGESAGT?

Trends, Entdeckungen und Hotspots. Unser Szene-Scout zeigt Ihnen, was in der Normandie los ist

Pierre Banchet
ist Architekt, doch wer denkt, dass er sich ausschließlich für Bauwerke interessiert, liegt falsch. Er liebt das Meer und alles, was dazugehört. Ein perfekter Tag in seiner Heimat, der Normandie, beginnt bei ihm mit einer Joggingrunde am Strand, dann stellt er sich den Wellen beim Kiten, und gegen Ende des Tages schlürft er am liebsten Austern in einem angesagten Restaurant.

ACTION IM WIND

Perfekte Symbiose: Drache und Board

Die Trendsurfer haben Küsten, Wind und Wellen der Region für sich entdeckt und bevölkern die Hotspots rund um Omaha und Utah Beach. Der Sport der Stunde heißt Kiten, und die Cracks werden bei ihren Kunststücken vom Strand aus bejubelt. Wie z. B. Damien Burnel: Der Kite-Profi gibt Unterricht, und wer bei ihm trainiert, dem wird der Wind bald nicht stark und werden die Wellen nicht hoch genug sein können *(Kite-R École de Kitesurf, 13, rue P. de Fougy, Merville-Franceville, www.kite-r.com)*. Für Neueinsteiger bietet der Surfstore *La Clinique de la Planche (11, rue de la Dives, Caen, www.cliniquedelaplanche.com)* Ausrüstung. Hier kann es sogar sein, dass man Insidertipps von seinen Kite-Idolen bekommt, denn in diesem Laden kauft echt jeder sein neuestes Equipment.

SZENE

LIVE ON STAGE

Die Musik lebt!

Hauptsache laut und echt heißt die Devise in den Clubs und auf den Bühnen von Rouen und Caen. Newcomer und Favourite-Bands spielen in ausverkauften Häusern. Liveacts wie die von *Caméra* (www.cameralesite.com) sind in der Normandie angesagt. Die vierköpfige Indie-Rockband aus Toulouse spielt einen Mix aus Trip-Hop, Elektro und Rock, gepaart mit traditionellen Chansons. Mit Kontrabass, Trompete, Gitarren, Flöten und Akkordeon wirbeln *Les Souliers* (www.souliers-rouges.com) aus Caen über die Bühne – ihre Auftritte sind immer schnell ausverkauft. Tickets sichert man sich am besten im Internet. Jazz-Festivals haben besonders in der Basse-Normandie jede Menge Anhänger gefunden. Das ganze Jahr über veranstaltet das *Jazz Collectif* (www.cjbn.fr) unter der Leitung der Band *Thierry Lhiver Quartet West-Coast* regelmäßig Konzerte von Caen bis Alençon.

GRÜNE EVENTLOCATION

Gärten als Kunsttreffs

Immer mehr Gärten und Schlossparks rüsten auf und präsentieren sich als neue Places to be. Dabei bieten sie kreativen Raum für Kunstinstallationen, Konzerte und Theateraufführungen. Und die Franzosen lieben es. Schließlich gibt es kaum eine romantischere Kulisse für ein Musical als den *Jardin François (Le Clos,* www.jardin-francois.com*)* in Préaux-du-Perche. Wenn dort Künstler wie Yana Boukoff und Emmanuel Rossfelder ihre Songs zum Besten geben, wird der Garten zur Open-Air-Bühne der Extraklasse. Im *Parc du Manoir de Villers (30, route de Sahurs,* www.manoirdevillers.com*)* in Saint-Pierre-de-Manneville lockt u. a. das *Théâtre de Verdure* die Gäste an.

BILLARD DELUXE

Edelsport für Logikfreaks

Über drei Banden und fünf Ecken perfekt einlochen: Billard erlebt ein Revival. In Caen und Le Havre formiert sich die Szene derer, die bei Billardprofis Unterricht nehmen und sich in den Salons auf Turnieren messen. In der *L'Académie (43, quai de Juillet, Caen)* treffen sich jeden Mittwochabend Anfänger und Profis zu offenen Wettbewerben. Wer vorher noch üben muss, meldet sich beim *Club-École Havrais de Billard (76, rue des Briquetiers, Le Havre).* In dieser Schule lernen die Stars von morgen. Etwas gelassener gehts im *L'Orient Express (24, rue du 11 Novembre, Caen, www.lorient-express.fr)* zu. Bei Privatturnieren beweisen Könner ihr Talent.

KÖRPER UND GEIST

Im Einklang mit der Natur

Den klassischen Thalassotherapien wird die Krone aufgesetzt: Thalasso plus Zen, Anti-Stress-Treatments und Shiatsu heißt das neue Motto der anspruchsvollen Wellnesscenter. Das Ergebnis: Entspannung. Im *Institut de Cure Marine (2, rue Guynemer, Luc-sur-Mer, www.thalasso-normandie.com)* gibt es ein exklusives Meerwasser-Hamam und entspannende Massagen. Auch in den *Thermes de Bagnoles de l'Orne (rue du Professeur Louvel, Bagnoles de l'Orne, www.thermes-bagnoles.com)* steht Zen-Relaxation auf dem Programm: Shiatsu-Massagen fördern den Stressabbau, und Therapien mit Lavendel- oder Zitrusaromen regen den Geist an.

BUCHLÄDEN MAL ANDERS

Bookshopping wie im Museum

Nach Büchern stöbern und sich dabei wie in längst vergangenen Zeiten fühlen? Kein Problem: Die Nostalgiewelle ist auch über die Buchläden geschwappt! Literaturinteressierte treffen sich z. B in der *Librairie Ancienne et Moderne Frérot (24–26, rue des Croisiers, Caen, www.librairie-frerot.com*, Foto), blättern in uralten Originaleditionen und suchen nach lithografischen Schätzen. Die *Librairie Générale du Calvados (98, rue Saint-Pierre, Caen)* ist ein Muss für Architekturfans: Die hölzerne Jugendstilfassade mit Schnitzereien und gekacheltem Schriftzug zieht jeden magisch an.

INTERAKTIVES THEATER

Die Stadt wird zur Bühne

Die Theatergruppen suchen nach neuen Ausdrucksmöglichkeiten und verlassen ihre Häuser. Auf öffentlichen Plätzen finden coole Performances statt, bei denen die Zuschauer selbst Teil der Inszenierung werden. Allen voran: *La Famille Magnifique (http://famille.magnifique.free.fr)*, die auf der Ladefläche eines LKWs Magie, Akrobatik und Schauspiel in die Städte bringen. Überraschungseffekt: Das Publikum auf den Marktplätzen der Region wird spontan miteinbezogen. Actionreiche Komödien, musikalisches Mitmachtheater und jede Menge Spektakel kommen von *Joe Sature & ses Joyeux Osselets* (*www.joesature.com*, Foto). Bei den unkonventionellen Shows werden die Zuschauer sogar selbst zu Schauspielern. Auf den Geschmack gekommen? In der Schauspielschule *Actéa Compagnie dans la Cité (32, rue des Cordes, Caen)* werden moderne und selbst geschriebene Stücke von Laien gespielt, die sich hier zu Schauspielern ausbilden lassen. Der Place to be für Talentscouts.

ALL NIGHT LONG

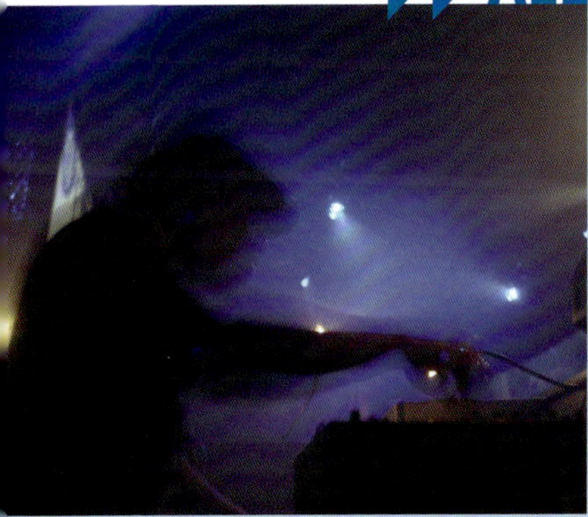

Feiern in den Hafenvierteln

In Caen, Rouen und Le Havre siedeln sich die Szenelocations rund um die angesagte Hafengegend an. Hier gibts die besten Clubs in den Seitenstraßen und die schönste After-Clubbing-Aussicht auf Schiffe und Wasser! Echte Partykenner bleiben am Wochenende allerdings zu Hause, denn so richtig gefeiert wird dienstags und donnerstags. Dann zieht es Kubafans ins *Le Guevara Café (31, rue des Bons Enfants, Rouen, http://guevara-cafe76.blogspot.com)*. Latino-Beats und Salsakurse locken hier jeden auf die Tanzfläche, der Drink der Stunde heißt – natürlich! – Cuba libre. Nachtschwärmer zieht es in Caen ins *Le Farniente Factory (13, rue Paul Doumer, www.farnientecaen.fr)* oder ins *At the Café (33, rue Basse)*. Der Hotspot der Locals hat bis zum Morgengrauen geöffnet!

> VON BOCAGE BIS TROU NORMAND

Wissenswertes über die Normandie und ihre Besonderheiten

BOCAGE

Die Bocage ist der Inbegriff normannischer Landschaft und lebendiges Zeugnis vom Geschick unserer Vorfahren, den Widrigkeiten von Wind und Wetter zu trotzen: Sie säumten Felder und Wege mit dichten, auf Wällen angelegten Hecken ähnlich den norddeutschen Knicks. So schützten sie die Felder und sich selbst vor dem Wind. Die Hecken boten Nistraum für Vögel, die wiederum bei der Schädlingsbekämpfung halfen. Zudem sparte man so teure Zäune und Mauern – und schuf ganz nebenbei eine Landschaft von großem Reiz: die Bocage. Im vermeintlich segensreichen Dienst der Flurbereinigung schien dann im 20. Jh. das Verschwinden der Bocage besiegelt. Große Agrarmaschinen wollen weite, ebene Flächen. Inzwischen hat zum Glück die Trendwende eingesetzt:

Bild: Fachwerk am Aître de Saint-Maclou in Rouen

STICH WORTE

Windbedingte Austrocknung der ungeschützten Böden und vermehrter Insektizidbedarf zeigten den Nutzen der Hecken auch in ökonomischer Sicht. Und so laufen nun staatlich geförderte Programme zur Rekonstruktion und Erweiterung der Bocage.

D-DAY

Als „Der längste Tag" ging der 6. Juni 1944 in die (Film-)Geschichte ein. Militärisch gesehen bedeutete die Landung der Alliierten an den Stränden der Normandie den Anfang vom Ende des Naziregimes in Europa. Jahrelang hatten die US-amerikanischen und britischen Generalstäbe den „D-Day" vorbereitet. Ziel: den deutschen Atlantikwall durchbrechen. Knapp 7000 Schiffe und rund 150000 Mann Landungstruppen warfen sie – mit massiver Unterstützung aus der Luft – in der

Operation Overlord gegen die Flachküste des Calvados und des Cotentin. Nach äußerst heftigen Gefechten beendete die Einnahme von Rouen am 30. August 1944 die deutsche Besetzung der Normandie endgültig. Der Preis war hoch. Nahezu 100000 Menschen, darunter 37000 Alliierte, verloren ihr Leben. Zahlreiche Soldatenfriedhöfe und Bunkerruinen zeugen noch heute vom „längsten Tag der Normandie".

CHRISTIAN DIOR

Als der Knabe Christian 1905 in der elterlichen Strandvilla an der Steilküste von Granville das Licht der Welt erblickte, ahnte niemand, dass er diese mit seinen Kreationen erobern sollte. 1947 sorgte der Modeschöpfer mit seiner Kollektion für internationales Aufsehen. Sie machte den Normannen zur Lichtgestalt der französischen Haute Couture. Mit seinen Modellen mit schmaler Taille, schwingenden Röcken und figurbetontem Oberteil kreierte er den „New Look" und mit ihm das Modeideal der „ewigen Pariserin". Die zum Modemuseum umgewandelte Villa mit ihrem schönen Park ist für Fashionfans aus aller Welt zum Pilgerziel geworden.

FACHWERKKUNST

Die Fachwerkkunst ist das Markenzeichen historischer normannischer Architektur vor allem in den Departements Calvados und Seine-Maritime. Orte wie Vieux Port im Parc Régional de Brotonne oder manche Straßenzüge der Altstadt von Rouen gleichen regelrechten Fachwerkmuseen. Man unterteilt die *colombages* in sechs meist regionaltypische Stilrichtungen. Allesamt sind sie geprägt durch lange, parallele Balken und/oder durch feines Fischgrätmuster.

FLAMBOYANTSTIL

Prägend für das Bild der normannischen Baukunst ist die spannungsvolle, Flamboyant genannte Stilvariante der Spätgotik. Während sich

> EIN MALER DES LICHTS

Claude Monet, der Impressionist aus der Normandie

Das weiche, wechselnde Licht der Normandie zog Mitte des 19. Jhs. viele junge Maler an die Küste. Honfleur und Étretat mit ihren spektakulären Motiven wurden zu Künstlerkolonien. In seiner Geburtsstadt errichtete Eugène Boudin die „Schule von Honfleur" und begründete den Impressionismus, der die europäische Malerei revolutionieren sollte. Unter seinem Einfluss entwickelte sich der 1840 geborene Claude Monet zum herausragenden Repräsentanten der neuen Stilart. Viele großartige Gemälde zeugen von seiner Genialität. 1881 zog er von Honfleur in das ländliche Giverny und machte aus seinem Garten ein einzigartiges Idyll. Es wurde Kulisse für viele seiner Bilder. 1926 starb Claude Monet; er liegt auf dem Friedhof von Giverny begraben.

Ende des 15. Jhs. die Baumeister anderswo bereits der Renaissance zuwandten, blieb man in der Normandie noch lange dem Flamboyantstil treu. Diese sich in verspielter, filigraner Ornamentik ausdrückende Bauform ist besonders eindrucksvoll am „Butterturm“ der Kathedrale in Rouen und am Dekor der Kathedrale in Évreux zu sehen. Weitere eindrucksvolle Beispiele sind die Kathedralen von Bayeux oder Coutances.

GEZEITEN

Die Küste lebt im Rhythmus der Gezeiten, die sich an der Kanalküste mit einem besonders großen Tidenhub bemerkbar machen. Häfen erwachen mit dem Öffnen der Schleusentore (ca. 1,5 bis 2,5 Stunden vor dem Scheitelpunkt der Flut) zum Leben, um nach deren Schließen bei Ebbe wieder in Lethargie zu verfallen. Einige Strände verwandeln sich bei Hochwasser in schmale Sandstreifen, andere erweitern sich bei Niedrigwasser bis zum Horizont. Die Abfahrtszeiten von Ausflugsbooten und Fähren folgen häufig dem Gezeitenkalender, und die Auslagen der Fischhändler füllen sich nach dem Anlanden der Fangflotte mit frischer Ware. Ein Blick in die Tageszeitung gibt Auskunft über Uhrzeit und Höhe von Hochwasser (*marée haute* oder *pleine mer*) und Niedrigwasser (*marée basse* bzw. *basse mer*). Oder man investiert ein paar Euro in die Anschaffung eines überaus nützlichen Gezeitenkalenders, den es im Buch- und Zeitschriftenhandel und zum Teil auch umsonst bei den Touristinformationen gibt.

Modemuseum: Maison Dior in Granville

JEANNE D'ARC

Schon als Kind erlebte Jeanne die Schrecken des Hundertjährigen Kriegs – des Machtkampfes zwischen England und Frankreich um die französische Krone. Göttliche Eingebungen ließen sie ihr kurzes Leben dem Kampf gegen die Engländer widmen. Das 1412 geborene Bauernmädchen, zeitlebens Analphabetin, überzeugte den Thronfolger, der ihr ein 3000-Mann-Heer zur Verfügung stellte, mit dem sie 1429 das belagerte Orléans befreite. Noch im gleichen Jahr erfolgte die Krönung von Karl VII. zum französischen König. Beim Versuch, die Engländer völlig aus Frankreich zu vertreiben, fiel Jeanne 1430 in die Hände der mit England verbündeten Burgunder. An die Engländer ausgeliefert, machte ihr ein Tribunal aus Bischöfen und Äbten den Prozess wegen Ketzerei und Hexerei. Am 30. Mai 1431 starb die 19-Jährige auf dem Scheiterhaufen in Rouen. Der Vatikan sprach sie 1920 heilig. So wurde sie als „Heilige Jungfrau von Orléans" zur Schutzpatronin Frankreichs.

NOR(D)MANNEN

Mit kleinen, wendigen Schiffen kamen sie aus dem Norden über das Wasser, überfielen immer wieder das Land und raubten, was sie bekommen konnten: die Wikinger. Dabei nahmen sie beileibe nicht die Normandie allein für ihre Raubzüge aufs Korn – weite Teile Europas zitterten vor ihnen. Als die Wikinger des Kommens und Gehens müde waren, begannen sie, sich anzusiedeln, und wurden zu Beginn des 10. Jhs. unter ihrem Anführer Rollo zu einem starken Machtfaktor im Land. Rollo ließ sich taufen und wurde als Robert erster Herzog der Normandie. Damit vollzog sich die Geburtsstunde des Landes, das nunmehr aufblühte.

PFERDE

Mehr als ein Drittel aller französischen Pferde werden in der Normandie geboren. Gezüchtet werden Rennpferde, Reitpferde, Lastentiere für die Landwirtschaft und Schlachttiere. Pferdefreunde sollten nicht versäumen, im berühmten Gestüt Haras du Pin bei Argentan von Juni bis September donnerstags um 15 Uhr die musikalische Pferdeparade zu erleben. Der zweite Haras National der Normandie befindet sich in Saint-Lô. Das in der Zeit von Louis XIV begründete System der heute 23 Natio-

> BLOGS & PODCASTS

Gute Tagebücher und Files im Internet

- *www.vivre-en-normandie.typepad.com* – aktuelle Infos aus allen erdenklichen Sparten für den Raum Le Havre/Rouen (in Französisch)
- *www.france-blog.info* – informativer Blog des Sprachen- und Schulbuchverlags Klett mit einem bunten Themenmix aus und über Frankreich
- *www.legalichon.net* – unter dem Titel „Le Galichon Normand" der Blog eines normannischen Journalisten mit Infos und Kommentaren zu aktuellen Ereignissen (in Französisch)
- *http://normandie.france3.fr* – der regionale Fernsehsender stellt seine interessantesten Beiträge ins Netz
- *www.tripadvisor.de* – von Reisenden bewertete und z. T. auch fotografierte Hotels – geben Sie einfach einen Ort als Suchbegriff ein

nalgestüte kontrolliert und regelt Zucht und Leistung. Es funktioniert als eine der wenigen französischen Institutionen nach föderalen Prinzipien.

SPITZENKUNST

Das kunstvolle Fadenschlagen um die Nadeln des Nadelspitzenkissens wurde in Flandern erfunden. Ab 1665 wurden Spitzen auch im normannischen Alençon hergestellt. Recht bald fand der französische Geschmack eine eigene Variante, die stark konturierte Ornamentik auf zartem, handgenähtem Netzgrund. Der lang anhaltende Erfolg der *dentellière normande* war dem Point d'Alençon von Madame La Perrières zu verdanken. Tausende von Frauen und Kindern, vor allem in ländlichen Gebieten der Basse-Normandie, sicherten mit Hand- und Heimarbeit die Existenz ihrer Familie. Im 19. Jh. setzte sich die maschinelle Herstellung der Spitzen durch. In den Museen in Alençon und Argentan wird die Spitzenklöppelkunst angemessen gewürdigt.

TROU NORMAND

Calvados, das weiß man in der Normandie, „stellt in jeder Lebenslage die Ohren wieder in Marschrichtung“. Zum viel zitierten *trou normand* wird er, wenn er – im Ablauf eines üppigen Menüs gereicht – für den nächsten Gang ein Loch *(trou)* im Magen schaffen soll. Wohl bekomms!

Die Normandie ist eine Hochburg der Klöppelei, der Spitzenkunst

KULINARISCHES UND KULTUR

Normannisch feiern unter Apfelbäumen, am Meer und auf Märkten

GESETZLICHE FEIERTAGE

1. Jan.; Ostermontag; 1. Mai; 8. Mai *(Ende Zweiter Weltkrieg);* **Christi Himmelfahrt; Pfingstmontag; 14. Juli** *(Französischer Nationalfeiertag);* **15. Aug.; 1. Nov.; 11. Nov.** *(Ende Erster Weltkrieg);* **25. Dez.**

FESTIVALS UND VERANSTALTUNGEN

Februar/März

Karneval in Granville: Der farbenfrohe Umzug nach Art des rheinischen Karnevals lockt Zigtausende verkleidete Narren in die Hafenstadt.

März

Insider Tipp Mortagne-au-Perche: *Foire au Boudin,* Blutwurstmarkt, in der letzten Woche, drei Tage mit Verkauf und lustigen Wettbewerben.

Ostern

Festival de Musique Pâques Classique: Zu Ostern trifft sich in Deauville die Elite junger Solisten.

Mai

Ende Mai *Seefeste* in den Häfen des Departements Seine-Maritime. Cherbourg: internationale *Segelregatten.*

Mai/Juni

Rouen: *Festival Jeanne d'Arc* mit Theater, Musik und Ausstellungen.

Insider Tipp *Jazz sous les Pommiers:* 30 000 Musikpilger kommen in der Himmelfahrtswoche nach Coutances zum Festival „unter den Apfelbäumen" mit internationalen Jazzgrößen.

Fête des Marins: traditionelles Pfingstfest in Honfleur mit Meeressegnung am Sonntag und Prozession der Seeleute zur Kirche Notre-Dame-de-Grâce am Montag.

Juni

Die *Alliiertenlandung* 1944 jährt sich am 6. Juni und wird überall in der Normandie feierlich begangen.

Balleroy: *Internationales Heißluftballonfestival* in ungeraden Jahren am zweiten Wochenende.

Aktuelle Events weltweit auf www.marcopolo.de/events

> EVENTS FESTE & MEHR

Marché d'Art de La Perrière: Am zweiten Wochenende bieten 120 Künstler in den Gassen des Manche-Dorfs ihre Werke an.

Juli

Festival und Pferderennen um den *Grand Prix de Deauville* am ersten Wochenende.

★ Feiern in fast allen Orten am Vorabend des 14. Juli und am *Nationalfeiertag* selbst.

Bayeux: *Mittelalterlicher Markt.*

Fest des Meeres am ersten Wochenende in Fécamp, am dritten Wochenende in Trouville.

Juli/August

Les Heures Musicales de l'Abbaye de Lassay: Konzertreihe und Orgelkonzerte in der Abteikirche von Lassay.

August

Insider-Tipp *Festival des Traversées Tatihou:* einwöchiges Folklorefestival auf der Insel und in Saint-Vaast-la-Hougue Mitte bis Ende August.

September

Lessay: *Foire Saint-Croix,* riesiger Jahrmarkt am zweiten Wochenende.

Deauville: Filmfestspiele *Festival du Cinéma Américain* mit Weltstars wie Michael Douglas, Tom Hanks oder Julia Roberts.

Oktober

Der Charme einer längst vergangenen Seefahrerromantik: Anfang Oktober verwandelt die *Fête de la Crevette Grise* Insider-Tipp (Krabbenfest) das alte Hafenbecken von Honfleur in eine filmreife Kulisse mit Segeloldtimern, Shantychören und Krabbenverkäufern.

Octobre en Normandie: vier Wochen Tanz- und Musikfestival mit Aufführungen in Rouen und im Departement Calvados.

November

Heringsmärkte in Dieppe und Fécamp.

Dezember

Weihnachtsmärkte in allen größeren Städten.

> CAMEMBERT, CALVADOS UND CIDRE

Die drei großen C beim Schlemmen à la normande

> Das normannische Küchencredo ist einfach auf den Punkt zu bringen: In der Normandie isst man gerne, viel und gut. Praktischerweise findet sich in der Nachbarschaft nahezu alles, was man dazu braucht.

Die kulinarische Basis der Region bilden Milchprodukte, von der Sahne über die Butter bis zu den verschiedenen Käsesorten. Da man auch in der Normandie um die Schädlichkeit von zu hohen Cholesterinwerten oder Übergewicht weiß, kommt manches in der Variante „light" *(allégé)* auf den Markt. Aber für echte Normannen stehen gehaltvolle Sahne- und Käsesaucen immer noch ganz oben in der kulinarischen Hitliste, selbst wenn sich junge, kreative Küchenchefs der Region um deren Eindämmung bemühen.

Die Normandie kann allerdings auch sehr viel leichter kochen, ohne dabei an Geschmack einzubüßen – dank kräftiger Grundaromen wie

> www.marcopolo.de/normandie

ESSEN & TRINKEN

Cidre oder Calvados. Und natürlich dank einer reichen Palette an Fischen und Meeresfrüchten. So ist der herbstliche Beginn der Fangsaison von Jakobsmuscheln vor der normannischen Küste für viele ein ähnlich herbeigesehntes Ereignis wie andernorts die Ankunft des Beaujolais primeur. Und mit ihren Zuchtanlagen an den Küsten des Cotentin und des Calvados nimmt die Region inzwischen sogar den ersten Platz unter den französischen Austernproduzenten ein.

Doch die eigentliche normannische Küche bleibt erdverbunden, so wie sich die Normannen im Allgemeinen eher als Landmenschen denn als Küstenbewohner sehen. Sie trägt auch stets stark lokal geprägte Charakterzüge. Infolge der enormen Fruchtbarkeit der Region nimmt diese in der Produktion von Gemüse und Salat eine Spitzenstellung ein. Rohkostsalate *(crudités)* stehen ebenso oft auf der Karte wie etwa – vor allem auf dem Land – Gemüsesuppen.

Das milde Klima erlaubt es, Rinder beinahe ganzjährig auf der Weide zu belassen. Sie danken es mit Fleisch in ungeahnter Qualität. Das Gleiche gilt für die Salzwiesenlämmer, die *présalés,* die besonders um den Mont-Saint-Michel und im Cotentin anzutreffen sind. Geflügel wird ebenfalls oft frei gehalten, und mancher wird (wieder) entdecken, wie gut ein Huhn schmecken kann.

Äpfel und Birnen liefern die Basis für die meisten geistigen Getränke,

> SPEZIALITÄTEN

Genießen Sie die typisch normannische Küche!

andouille de Vire – Innereienwurst aus Vire

bénédictine – berühmter Kräuterlikör der Mönche des Klosters Fécamp

bœuf braisé à la normande – in Cidre und Calvados marinierter Rinderbraten

boudin blanc – im Gegensatz zum *boudin noir* mit Geflügelfleisch, Eiern und Sahne bereitet

boudin noir – Blutwurst, gern mit gerösteten Zwiebeln gewürzt und auf Apfelringen gereicht, besonders gut aus Mortagne-au-Perche

cabillaud à la cauchoise – Kabeljau in Champignonsauce

canard à la rouennaise – geröstete Ente mit Sauce aus Entenblut, Rotwein und einem kräftigen Schuss Calvados

coquilles Saint-Jacques de Granville – Jakobsmuscheln in einer Sauce aus Sahne und Muschelsud mit Schnittlauch

crêpe normande – mit Zucker, Sahne und eventuell Apfelringen bedeckt und mit Calvados am Tisch flambiert

demoiselles de Cherbourg – kleine Hummer, in Weinsud zubereitet und in zerlassener Butter serviert

escalope de veau à la crème – Kalbsschnitzel in Sahnesauce

gigot d'agneau présalé – Keule vom Salzwiesenlamm

huîtres chaudes au pommeau – heiße Austern in Sauce aus *pommeau*

marmite dieppoise – Fischeintopf aus mehreren Fischarten, Muscheln, Krabben, Gemüse, Butter und Sahne

matelote – Fisch in einem Sud mit dickflüssiger Crème fraîche

moules marinières – gedämpfte Miesmuscheln mit Schalotten, Petersilie und Butter (Foto)

tarte normande/tarte aux pommes – dünnteigiger Apfelkuchen, meist mit Crème fraîche angerichtet

teurgoule – Nachtisch aus Milchreis, Zucker und Zimt

tripes à la Mode de Caen – Kutteln in Cidre und Calvados

vor allem Cidre und Calvados, die geradezu als Inbegriff der Normandie gelten. Auch wenn der Cidre heute nicht mehr ganz so selbstverständlich zum Alltag der Region gehört wie einst, steht der vergorene Apfelsaft immer noch zumindest als Symbol für normannische Lebensart. Und er bleibt nach wie vor das Ausgangsprodukt für die Destillation des Calvados. Man trinkt Cidre etwa als Aperitif *kir normand,* d. h. mit einem Schuss Cassislikör, als erfrischenden Durstlöscher pur, aber auch als exquisiten Begleiter zu würzigen und cremigen Käsesorten wie dem Camembert oder dem Livarot oder sogar während des gesamten Menüs. Traditionell benutzt man dazu – außer für den Kir – große, tönerne Tassen. Cidre gibt es in einer schwächeren Version mit ca. zwei Prozent Alkohol, der stärkere erreicht etwa die Marke eines deutschen Biers.

Beim *pommeau* handelt es sich um ein noch recht junges Getränk, ein fruchtiger Aperitif, der erst gegen 1970 erfunden wurde: Zwei Jahre alter Calvados wird dazu mit Apfelsaft aus herben Cidreäpfeln vermischt. Das Ganze ruht danach mindestens 18 Monate im Eichenfass.

Der *poiré* aus Birnen ist praktisch ein Cousin des Cidre. Der bekannteste – und für viele auch der beste – ist der Poiré A. O. C de Domfront. Das schwach alkoholische Getränk ist ein erfrischender Aperitif oder ein guter Durstlöscher an heißen Tagen.

Ein Wort noch zum Käse: Versuche der EU, die Produktion von Rohmilchkäse zu unterbinden, sind bisher stets am vehementen Widerstand Frankreichs gescheitert. Dennoch verzichten etliche Hersteller auf diese traditionelle und geschmackfördernde Prozedur. Ausschlaggebend ist weniger die Angst vor den Listeriosebakterien, die nur unter unhygienischen Bedingungen eine Gefahr darstellen. Wichtiger dürfte das Importverbot von Rohmilchkäse in einigen Ländern sein, darunter vor

Beim „Calva" macht der Apfel Karriere

allem die USA. Wer dorthin liefern will – wie einige große Camemberthersteller in der Normandie –, muss pasteurisierte Milch verwenden. Deshalb verzichten diese Hersteller inzwischen auf die Rohmilch, selbst wenn sie dadurch derzeit noch das begehrte AOC-Label verlieren. Wird so der unübertreffliche normannische Rohmilchcamembert zum Globalisierungsopfer?

LIKÖRE, SPITZEN UND FAYENCEN

Kulinarische Köstlichkeiten und Handwerkskunst als Reiseerinnerungen

> Wahrscheinlich reicht der Platz in Ihrem Auto nicht für einen der berühmten normannischen Kleiderschränke *(armoire normande)*, die Sie übrigens im entsprechenden Museum von Villedieu-les-Poëles bewundern können. Deshalb müssen Sie aber noch lange nicht mit leeren Händen nach Hause zurückkehren.

ANTIQUITÄTEN & TRÖDEL

Wer sich selbst beschenken will, stöbert gemütlich in Boutiquen und Antiquitätenläden. Schnäppchenjäger finden ein ideales Revier auf den vor allem in den Sommermonaten überall veranstalteten Trödelmärkten (*vide-grenier*, „Dachbodenleerer", genannt). Dabei ist allerdings ein wenig Verhandlungsgeschick gefragt.

KALEIDOSKOPE

Ein ausgefallenes Mitbringsel von bleibendem Wert sind die Kaleidoskope und andere optische Spielzeuge aus Insider Tipp Dominic Storas Manufaktur in Beaumont-en-Auge, erhältlich im Laden *Après la pluie (3, rue de la Libération)* direkt in der Ortsmitte.

KERAMIK

Freunde schöner Keramik werden im Töpferort Noron-la-Poterie im Departement Calvados fündig. Aber Vorsicht: Nicht alles ist in den Ateliers des Ortes entstanden, von denen Sie einige auch besichtigen können.

KULINARISCHES

Als kulinarische Mitbringsel empfehlen sich die spanholzverpackten Käsesorten, Cidre, Calvados oder der Kräuterlikör Bénédictine. Naschmäuler zu Hause freuen sich über *sucre de pomme*, karamellisiertes Apfelzuckerwerk, oder über eine der Schokoladenspezialitäten der Normandie. Zu den besten zählen die aus Alençon, zu finden bei *Chocolats Glatigny (44, Grande rue)* in Alençon. Hier können Sie wählen unter mehr als 60 Schokoladensorten in den unterschiedlichsten Formen von der Praline bis zur

> EINKAUFEN

Skulptur. Manche Kunden kommen von weit her, um hier den süßen Träumen zu erliegen.

KUNSTHANDWERK

Kann und soll es etwas teurer sein, so bietet sich beispielsweise in Villedieu-les-Poëles allerlei Kupfergeschirr für die Küche an. Aber auch hier gilt: Nicht alles, was in den Geschäften verkauft wird, stammt aus heimischer Produktion. Achten Sie deshalb auf entsprechende Stempel! In Alençon und Argentan locken kostbare Spitzenarbeiten und in Rouen die berühmten Fayencen.

MÄRKTE

Am schönsten sind die Wochenmärkte in den Provinzstädtchen mit ihrem bunten, reichhaltigen Angebot. Es ist ein Erlebnis, durch die mit allen Produkten vom Land und aus dem Meer prachtvoll gefüllten Stände zu bummeln und auszuwählen. Die jeweiligen Markttage sind meist durch Schilder an der Ortseinfahrt angezeigt.

POSTKARTEN

Für alle Postkartenfans lohnt ein Gang zur Post: In allen größeren Postämtern des Departements Manche gibt es eine wunderschöne Serie mit Motiven aus der Region, darunter natürlich der Mont-Saint-Michel, Granville oder das wilde Cap de la Hague.

REGENSCHIRME

Legendär und viel besungen: Regenschirme *(parapluies)* aus Cherbourg beschirmen gekrönte Häupter ebenso wie die von Weltstars. „Le Véritable Cherbourg" **Insider Tipp** hat so gut wie nichts mit seinen Kollegen aus der Kaufhausklasse gemein – schon gar nicht den Preis. Warum das so ist, kann man in der Manufaktur vor Ort erleben *(30, rue des Portes)* und dort auch gleich sein Exemplar erwerben. Das geht aber auch in vielen Fachgeschäften. Alles Wesentliche – inklusive eines Händlerverzeichnisses – zu einem besonders typischen Souvenir aus der Normandie auf der Website *www.parapluiedecherbourg.com*.

> GRÜNES LAND MIT REICHLICH MEERBLICK

Wilde Kaps, endlose Strände, pittoreske Orte und die bezaubernde Heckenlandschaft der Bocage Normand

> Mehr als 300 km Küste rund um die in den Ärmelkanal („Manche") reichende Halbinsel Cotentin prägen das westlichste der fünf normannischen Departements. Die Region pulst im Rhythmus der Gezeiten, die bei Granville mit bis zu 14 m den höchsten Tidenhub Europas erreichen.
Die Meeresströmung Raz Blanchard vor dem wilden Cap de la Hague bringt selbst bei Windstille das Meer zum Kochen. Und die weißen Kühltransporter der Fischhändler versammeln sich an den Kais der Häfen nach den Vorgaben des Gezeitenkalenders.

Liegeplätze für Segelboote in den Yachthäfen werden hier nach Tausenden gezählt. Breite Sandstrände von manchmal mehr als 20 km Länge säumen die Küstenlinie, immer wieder unterbrochen von mächtigen Kaps mit bis zu 120 m Höhe (Nez de Jobourg). Selbst im Hochsommer bleibt genügend Platz, um die Schnur

Bild: Hummerkörbe auf den Îles Chausey

MANCHE

des Drachens in voller Länge abzuspulen.

In der immergrünen Wallheckenlandschaft dahinter setzen schöne Dörfer menschliche Akzente. Stille Wasserläufe stehen sinnbildlich für den Eindruck, dass die Zeit hier noch ein langer, ruhiger Fluss ist. Und wer sich im Urlaub ein wenig Kultur gönnen möchte, findet mit dem Mont-Saint-Michel oder dem Kloster von Hambye allerbeste Adressen.

AVRANCHES

[124 C5] **Die exponierte Lage auf einer Anhöhe über der Baie du Mont-Saint-Michel wies der Stadt früh eine historische Rolle zu.** Der Bischof von Avranches gründete im 8. Jh. auf dem Klosterberg Mont Tombe die Benediktinerabtei und verband damit über Jahrhunderte das Schicksal von Mont-Saint-Michel mit Avranches. Durch das fruchtbare Umland ist die Stadt

AVRANCHES

(8500 Ew.) heute ein wichtiges Landwirtschaftszentrum. Die mittelalterlichen Gassen in der Altstadt laden zu einem Rundgang ein.

SEHENSWERTES

DONJON

Aus den Resten der alten Befestigungsanlagen ragt der zinnen- und

Liebevoll gestaltet: der Jardin des Plantes im ehemaligen Klostergarten

pechnasenbewehrte Bergfried aus dem 13. Jh. hervor.

JARDIN DES PLANTES

Der frühere Klostergarten des Kapuzinerordens bezaubert durch seine exotische Blütenpracht und den großartigen Blick hinüber auf den Mont-Saint-Michel. *Hinter der place Carnot | tgl. 8 Uhr–Einbruch der Dunkelheit*

MUSÉE MUNICIPAL

Im ehemaligen bischöflichen Palais ist das Stadtmuseum untergebracht. Es zeigt regionale Kunst von der galloromanischen Zeit bis ins 20. Jh sowie normannische Möbel und Trachten. *Place Jean de Saint-Avit | Juni bis Sept. tgl. 10–12.30 und 14–18 Uhr | 1,50 Euro*

SAINT-GERVAIS-ET-SAINT-PROTAIS

Die Basilika mit dem 74 m hohen, granitenen Turm ist das Wahrzeichen von Avranches. In der Kirche können Sie im *Musée du Trésor* einen Reliquienschrein von Saint-Aubert, dem Gründer des Klosters Mont-Saint-Michel, und weitere Kunstschätze bewundern. *Rue des Chapeliers | Juni–Mitte Okt. Mo–Sa 10–12 und 14–18, So 14–18 Uhr | Eintritt frei*

Insider Tipp

SCRIPTORIAL D'AVRANCHES

Die alten Manuskripte des Mont-Saint-Michel von unschätzbarem Wert modern in einem neuen Museum in Szene gesetzt. *Place d'Estouville | Juli/Aug. tgl. 10–19, Mai, Juni, Sept. Di–So 10–18, Okt.–Dez. und Jan.–April Di–So 10–12.30 und 14–17, Sa/So bis 18 Uhr | 7 Euro*

ESSEN & TRINKEN

LE BISTROT DE PIERRE

Eine große Schiefertafel verkündet, was der Chef täglich frisch zubereitet. Freundliches Ambiente im Bistrostil. *So geschl. | 5, rue du Charles-de-Gaulle | Tel. 02 33 58 07 66 | €*

ÜBERNACHTEN

ALTOS

Modernes, helles Stadthotel mit Parkplatz, Bar und Aufzug. *29 Zi. | 37, boulevard du Luxembourg | Tel. 02 33 58 66 64 | Fax 02 33 58 40 11 | www.hotel-altos.com* | €

CHÂTEAU LES HAUTS

Hübsches Schloss 15 km nordwestlich von Avranches an der Küste in Saint-Jean-le-Thomas mit wunderbarem Panoramablick auf die Bucht. Zu Fuß gehen Sie nur zehn Minuten zur Bucht. *10 Zi. und Suiten | Saint-Jean-le-Thomas | 7, avenue de la Libération | Tel. 02 33 60 10 02 | Fax 02 33 60 15 40 | www.chateau-les-hauts.com* | €–€€€

LA CROIX D'OR

Fachwerkhotel mit Museumscharakter und einem hübschen Garten. *27 Zi. | 83, rue de la Constitution | Tel. 02 33 58 04 88 | Fax 02 33 58 06 95 | www.hoteldelacroixdor.fr* | €–€€

FREIZEIT & SPORT

PILGERWANDERUNG DURCH DIE BUCHT

Insider Tipp

Früher wurden die Pilgerreisenden zum Mont-Saint-Michel von den Fischern bei Niedrigwasser quer durch die Bucht geleitet. Barfuß und in kurzen Hosen lässt es sich heutzutage von Genêts aus, einem Vorort von Avranches, mit touristischen Führern auf den Spuren der Pilger wandern. Die viereinhalbstündige Tour (12–14 km) schließt einen kurzen Aufenthalt auf dem Mont-Saint-Michel ein.

MARCO POLO HIGHLIGHTS

★ **Villedieu-les-Poêles**
In den Werkstätten der Glockengießer und Kupferschmiede (Seite 34)

★ **Phare de Gatteville**
Phantastischer Rundblick vom Leuchtturm an der Pointe de Barfleur (Seite 37)

★ **Granville**
Bunter Fischerhafen und eine spektakulär gelegene Oberstadt (Seite 41)

★ **Le Mont-Saint-Michel**
Der legendäre Klosterberg – seine Besichtigung ist ein Muss (Seite 44)

★ **Coutances**
Die Kathedrale Notre-Dame gilt als ein architektonisches Wunder (Seite 42)

★ **Halbinsel La Hague**
Idyllische Postkartendörfer in malerischer Heidelandschaft (Seite 37)

Chemins de la Baie du Mont-Saint-Michel | 14, place des Halles | Tel. 02 33 89 80 88 | cheminsdelabaie.com | Mitte April–Mitte Okt. | ab 5 Euro

AUSKUNFT

2, rue du Général de Gaulle | Tel. 02 33 58 00 22 | Fax 02 33 68 13 29 | www.ot-avranches.com

ZIELE IN DER UMGEBUNG

Insider Tipp

CHEMIN DES DOUANIERS [124 B5]

Das Teilstück des alten Zöllnerpfades 15 km nordwestlich von Avranches bei Champeaux oberhalb der Steilküste zwischen Zöllnerhaus und dem Felsvorsprung Pignon Butor gilt vielen als „schönster Kilometer Frankreichs“. Bei gutem Wetter bietet sich ein sagenhaftes Panorama über die Bucht von Mont-Saint-Michel bis zur Bretagneküste bei der Pointe du Grouin und zu den Îles Chausey. Ein Sonnenuntergang hier wird zum unvergesslichen Erlebnis. Der ▶▶ Startplatz an der Zöllnerhütte gilt bei Westwind unter Paraglidern und Drachenfliegern als Hot Spot.

MORTAIN [125 D5]

34 km südöstlich von Avranches liegt an einem sanften Hügel der Ferienort Mortain (2500 Ew.). Bereits in der Normannenzeit war die Stadt befestigt. Das aus dem 12. Jh. stammende Zisterzienserkloster *Abbaye Blanche (Juni–Sept. Mi–Sa und Mo 9.30 bis 11.30 und Mi–Mo 14.30–17.30 Uhr)* ist heute ein geistliches Missionszentrum, das zu besichtigen ist. Am Ausgang der historischen Stadt liegt im Tal der Cance (vom Ortszentrum aus eine Stunde zu Fuß) die *Grande Cascade*, ein 25 m tief in wildes Granitgeröll abstürzender Wasserfall. Von dort führt ein Fußweg zur noch malerischeren *Petite Cascade*. Auskunft: *rue du Bourglapin | Tel. 02 33 59 19 74 | www.ville-mortain.fr*

Insider Tipp

VILLEDIEU-LES-POËLES ★ [124 C5]

Das vom Malteserorden im 11. Jh. gegründete Städtchen liegt 22 km nordöstlich im Tal der Sienne. Kupferschmiede und später Glockengießer machten den Ort (4300 Ew.) zur legendären *cité du cuivre*. Heute noch sind eine *Glockengießerei (Fonderie de Cloches Atelier Cornille-Havard | rue du Pont Chignon | Juli/Aug. tgl. 9–18, Feb.–Juni und Sept./Okt. Di–Sa 10–12.30 und 14 bis 17.30 Uhr | 4,60 Euro)* und einige Werkstätten zu besichtigen, in denen Pfannen, Töpfe und andere vorwiegend kupferne Utensilien gefertigt werden. Sehenswert ist außerdem eine repräsentative Sammlung normannischer Möbel *(Musée du Meuble Normand | 9, rue du Reculé | April–Mitte Nov. Mi–Mo 10.15 bis 12.15 und 14–18.30 Uhr | 4 Euro)*.

Am selben Platz wie die Touristeninformation finden Sie mit dem *Le Fruitier (48 Zi. | place des Costils | Tel. 02 33 90 51 00 | Fax 02 33 90 51 01 | www.le-fruitier.com | €)* eine angenehme Unterkunft, in dessen Restaurant (€€) traditionelle Küche und Meeresfrüchte serviert werden. Auskunft: *place des Costils | Tel. 02 33 61 05 69 | Fax 02 33 91 71 79 | www.ot-villedieu.fr*

CHERBOURG

[124 B1] Die Hafenstadt (90 000 Ew., offiziell Cherbourg-Octeville) dient als Anle-

geplatz für Kreuzfahrtschiffe und Fähren nach England und Irland. Außerdem besitzt die Stadt mit 11 000 Bootsbesuchen jährlich einen der meistfrequentierten Yachthäfen Frankreichs.

Bereits während des Hundertjährigen Kriegs bestanden starke Befestigungsanlagen, die Ende des 17. Jhs. zerstört wurden. Der Festungsbaumeister Sébastien Vauban erkannte die seestrategisch günstige Lage der Stadt. 1853 griff man seine Idee auf und begann nach seinen Plänen mit dem Dammbau. 1858 weihte Napoleon III. den Kriegshafen ein. Heute beherbergt Cherbourg die drittgrößte französische Flottenbasis, und die Wirtschaft der Stadt ist vor allem durch die Werft- und Metallindustrie geprägt. Viele Filme wurden in und um die Stadt gedreht, unter ihren Regisseuren sind Namen wie Roman Polanski, Eric Rohmer und Steven Spielberg.

SEHENSWERTES

BASSIN DU COMMERCE

Ältester Teil der Hafenanlage (1831) ist das restaurierte Altstadtviertel. In den Straßen des *Quartier des Halles* lässt es sich gut bummeln und essen.

CITÉ DE LA MER

Der riesige Komplex widmet sich ganz dem Abenteuer des Lebens unter Wasser. Dazu gehört der 45-minütige Besuch des U-Boots *Le Redoutable.* Ebenso spannend ist die Meereswelt in den 15 Aquarien, die sich um ein zylindrisches Becken (es soll das höchste in Europa sein) gruppieren. *Gare Maritime Transatlantique | Juli/Aug. tgl. 9.30–19, Mai/Juni und Sept. 9.30–18, Okt.–April 10–18 Uhr | 14,50 Euro, in der Nebensaison ermäßigt | www.citedelamer.com*

FORT DU ROULE

Einen Rundblick über das Häusermeer und die sich weit ausdehnenden Hafenanlagen bietet am südöstlichen Stadtrand die auf der 112 m hohen Montagne de Roule errichtete Festung aus dem 19. Jh.

PARC EMMANUEL LIAIS

Diese weit über 100 Jahre alte Gartenanlage enthält sehenswerte Sammlungen exotischer Pflanzen. *22, rue de la Bucaille*

ESSEN & TRINKEN

LA CALE

Typisch französischer Brasseriecharme und viel nautisches Publikum, das die Fisch- und Krustentier-

Denkmal auf der Place Napoléon Cherbourg

spezialitäten zu schätzen weiß. *In der Saison tgl., sonst Sa-Mittag und So-Abend geschl. | 2, place de la République | Tel. 02 33 93 11 23 |* €

ÜBERNACHTEN

AUBERGE DE JEUNESSE

Die Jugendherberge ist in einem restaurierten Marinegebäude untergebracht. *99 Betten | 55, rue de l'Abbaye | Tel. 02 33 78 15 15 | Fax 02 33 78 15 16 | cherbourg@fuaj.org* | €

CHANTEREYNE

Das Hotel mit Meerblick liegt direkt am Yachthafen. *50 Zi. | Port de Plaisance | Tel. 02 33 93 02 20 | Fax 02 33 93 45 29 | www.hotel-chantereyne* | €

MERCURE

Modernes Kettenhotel mit Blick auf den Yachthafen. *84 Zi. | gare Maritime | Tel. 02 33 44 01 11 | Fax 02 33 44 51 00 | www.mercure.com |* €€–€€€

FREIZEIT & SPORT

Der ▶▶ Yachthafen *Chantereyne* ist mit seinen 1500 Liegeplätzen viel besuchter Ausrichter internationaler maritimer Veranstaltungen und Tummelplatz der internationalen Seglerszene. Auskunft: *Capitainerie du Port | Tel. 02 33 87 65 70 | Fax 02 33 53 21 12.* Cherbourg besitzt einen kilometerlangen Sandstrand. Informationen zu Wassersport und Segeln: *Station Nautique Cherbourg-Hague | Tel. 02 33 78 19 29 | Fax*

In einem ehemaligen Leuchtfeuer wacht die Madonna: Küste an der Pointe de Barfleur

02 33 78 19 28 | www.cherbourg-hague-nautisme.com

AM ABEND

Im Hafenviertel finden Sie reichlich Kneipen für ein ausgedehntes Nachtleben. Empfehlenswert sind *L'Amirauté,* der Nachtclub des Kasinos, und die Disko *Le Crabe Tambour (5, rue de l'Univers).*

AUSKUNFT

2, quai Alexandre III | Tel. 02 33 93 52 02 | Fax 02 33 53 66 97 | www.otcherbourgcotentin.fr

ZIELE IN DER UMGEBUNG

BARFLEUR [124 C1]

Im Mittelalter erster Seehafen, der von englischen Königen und Aristokraten aufgesucht wurde, ist das 30 km östlich gelegene Barfleur heute ein Fischerhafen mit endlos erscheinenden Muschelbänken entlang der Küste. Der quirlige, auch bei Skippern beliebte Ort ist prestigeträchtig dekoriert mit dem offiziellen Label „eines der schönsten Dörfer Frankreichs". Sehenswert ist die Kirche *Saint-Nicolas* aus dem 17. Jh., deren Inneres an ein Schiff erinnert.

Über die Küstenstraße erreicht man nach 2 km die *Pointe de Barfleur,* die Nordostspitze des Cotentin, mit dem 75 m hohen Leuchtturm ★ *Phare de Gatteville (April bis Sept. tgl. 10–12 und 14–19, Okt. bis März 10–12 und 14–16 Uhr | 2 Euro)* von 1834. Nach 365 Stufen winkt eine phantastische Aussicht.

Stilvoll übernachten (€) und hervorragend essen (€€) können Sie im *Au Bouqet des Cosqueville (Di und außer Juli/Aug. Mi geschl. | 7 Zi. | Tel. 02 33 54 32 81 | www.bouquetdecosqueville.com)* gut 10 km westlich von Barfleur im Dorf *Cosqueville.* Das Restaurant gilt besonders für alle Freunde von Fisch und Meeresfrüchten als unumgängliche Adresse im Nordcotentin. Insider Tipp

BARNEVILLE-CARTERET [124 A–B2]

Durch die Kanalinseln von der Meeresbrandung abgeschirmt und vom Golfstrom freundlich umspült, hat der beliebte Badeort (2300 Ew.) knapp 40 km südwestlich ein mildes, gemäßigtes Klima. Saubere, feinsandige Strände mit hohen Dünen ziehen viele Urlauber an. Im Zentrum von Barneville steht die romanische Pfarrkirche mit kunstvollen Kapitellen. Hinaus zum Leuchtturm führt ein Weg zum *Cap de Carteret,* einem Ausgangspunkt für lange Klippen- und Strandwanderungen.

Für viele Feinschmecker das beste Restaurant im Departement Manche ist *La Marine (wechselnde Ruhetage | 11, rue de Paris | Tel. 02 33 53 83 31 | www.hotelmarine.com | €€€)* im gleichnamigen Hotel *(28 Zi.)* direkt an der Hafeneinfahrt von Carteret. Das Restaurant mit Panoramafenstern zum Wasser, durch die man die auflaufende Flut erlebt, spielt in der Edelliga der französischen Kochkunst und setzt vor allem auf regionale Produkte, die virtuos in Szene gesetzt werden. Insider Tipp

HALBINSEL LA HAGUE ★ [124 A1]

Die Halbinsel westlich von Cherbourg prägen granitene Postkartendörfer wie *Omonville-la-Rogue, Saint-Germain-des-Vaux* oder *Auderville* in wilder Heidelandschaft, malerische Buchten, geschützt von mächtigen Kaps, Frankreichs kleinster Hafen *(Port Racine)* und ein mächtiger Leuchtturm in der reißenden, bis zu 20 km/h schnellen Meeresströmung Raz Blanchard bei Goury. Dazu kommen großartige Aussichtspunkte (etwa *Nez de Jobourg* mit Blick auf die Kanalinseln) und ein einmaliges *Dünenmeer bei Biville.*

Insider Tipp Der Küstenwanderweg GR 223 verbindet diese Höhepunkte auf spektakuläre Weise. Wanderführer bekommen Sie im Buchhandel und bei den Touristinformationen. Ziemlich deplatziert wirkt an dieser Stelle die nukleare Wiederaufbereitungsanlage der Cogema bei Beaumont; den einzigartigen Gesamteindruck der Kaplandschaft kann sie aber nicht wirklich trüben. Auskunft: *rue Jallot | Beaumont-Hague | Tel. 02 33 52 74 94 | Fax 02 33 52 09 64 | www.lahague.org/tourisme*

Das Restaurant *La Bruyère (Sa-Mittag und Mo geschl. | Le Bourg | Tel. 02 33 52 78 24 | www.labruyere-50.com | €–€€)* in Jobourg serviert vor einem großen Kamin nicht nur Frisches aus dem Meer, sondern auch würzige Fleischgerichte und raffinierte Desserts.

An der Gezeitenküste des Cotentin herrschen ideale Bedingungen für die Muschelzucht

ÎLE DE TATIHOU [124 C1]

Rund 1 km vor der Küste bei Saint-Vaast-la-Hougue 30 km südöstlich liegt die mit einer kompakten Vauban-Festung aus dem 18. Jh. ausgestattete Insel. Das nahezu unbewohnte Eiland ist ein Lieblingsplatz von etwa 150 Vogelarten in einem 3 ha großen Schutzgebiet *(ornithologische Führungen ganzjährig auf Voranmeldung | Juli/Aug. kostenlos)*. Das *Musée Maritime (April–Sept. tgl. 10–18, Juli/Aug. bis 19 Uhr)* informiert über Geschichte, Flora und Fauna der Insel, aber auch über Fischereiwirtschaft.

Es empfiehlt sich, die Überfahrt von Saint-Vaast-la-Hougue vorab zu reservieren, da die Besucherzahl auf täglich 500 Personen limitiert ist und das *bâteau amphibie (April–Sept. tgl. 10–17 Uhr, sonst auf Nachfrage | hin und zurück 4,60 Euro, inkl. Museum und Festungsturm 7,80 Euro)* nur 43 Passagiere fasst. Tatihou verfügt über 34 Zimmer (€), hauptsächlich für Gruppen.

Auskunft, Buchung und Reservierung: *Accueil Tatihou | quai Vauban | Saint-Vaast-la-Hougue | Tel. 02 33 23 19 92 | Fax 02 33 54 33 47 | www.tatihou.com*

PARC NATUREL RÉGIONAL DES MARAIS DU COTENTIN ET DU BESSIN [124 B–C 2–3]

Ein großartiges Reservat für die Tier- und Pflanzenwelt der Normandie ist dieses 1450 km² große Moorgebiet im Zentrum der Halbinsel Cotentin, das besonders für Vogelfreunde attraktiv ist. Die durch das nahe Meer beeinflussten, flachen Sumpfgebiete sind im Winter oft überschwemmt. Erst im Frühjahr, wenn sich das Wasser zurückzieht, können die mit Binsen und Riedgras bewachsenen Wiesen als Weideland genutzt werden. Die Moorgebiete lassen sich durch Bootsfahrten auf der Douve und der Taute, durch Seetouren in die Baie des Veys, durch Ausflüge mit Pferdewohnwagen und natürlich zu Fuß und mit dem Rad entdecken. Bester Ausgangspunkt ist die alte Bischofsstadt *Carentan* 50 km südlich von Cherbourg. Auskunft: *17, rue de Cantepie | Les Veys bei Isigny-sur-Mer | Tel. 02 33 71 61 90 | Fax 02 33 71 61 91 | www.parc-cotentin-bessin.fr*

PORTBAIL [124 B2]

Bei diesem beliebten Badeort 43 km südwestlich mit lebendigem Yachthafen beginnen die kilometerlangen, von Dünen gesäumten Strände. Am

> INSELHOPPING

Die Kanalinseln sind einen Ausflug wert

Nur eine kleine Schiffsreise entfernt, sind die britischen Kanalinseln vor der Küste des Cotentin abwechslungsreiche Ausflugsziele in einer Umgebung, die der Golfstrom in ein Gartenparadies verwandelt. Auf Victor Hugos Spuren auf Guernsey, Shopping auf Jersey, Vogelbeobachtung auf Alderney, Radfahren auf Sark: Überall können Sie die geglückte Mischung aus französischer Lebensart und britischem Lifestyle erleben. Ausführliche Informationen finden Sie im MARCO POLO Band „Kanalinseln". Fährverbindungen nach Jersey und Guernsey bestehen von Diélette, Barneville-Carteret, Portbail und Granville aus (kein Autotransport). Die Überfahrt dauert ca. 60–90 Minuten, Preisbeispiel: Jersey hin und zurück von Granville oder Barneville-Carteret 41,50 Euro.

Hafen steht die Wehrkirche *Notre-Dame* (11. Jh.) mit schönen Kapitellen romanischen Ursprungs.

SAINTE-MÈRE-EGLISE [124 C2]
Der gut 40 km südöstlich von Cherbourg gelegene Ort war 1944 der erste, der befreit wurde. Daran erinnert bis heute die am Glockenturm der Dorfkirche hängende Puppe eines Fallschirmspringers. Darstellungen über die Alliiertenlandung zeigt das *Musée Airborne (14, rue Eisenhower | im Sommer tgl. 9–18.45 Uhr, im Winter kürzer, Dez./Jan. geschl. | 6 Euro | www.airborne-museum.org).*

Schloss Tourlaville: Auch der Park ist eine Sehenswürdigkeit

SAINT-VAAST-LA-HOUGUE [124 C2]
Die Bedeutung des heute für seine Austernbänke bekannten Fischerstädtchens (2200 Ew.) 30 km südöstlich geht auf das Jahr 1694 zurück: Nach der Schlacht von Hougue, bei der Frankreich gegen England eine Niederlage erlitt, wurden die Festungsanlagen neu erbaut. Das mächtige *Fort* mit dem 16 m dicken Zentralturm und den 3 m starken Mauern bezeugt die Kunst des Festungsbaus.

Der Sandstrand, der Yachthafen und das milde Klima ließen das Städtchen zu einem beliebten Badeort werden. Von hier aus kann man Ausflüge auf die Île de Tatihou unternehmen. Der Besuch in Saint-Vaast lohnt schon wegen der mehr als 100 Jahre alten *Épicerie Gosselin* Insider Tipp *(27, rue de Verrüe | Nachsaison Mo geschl.),* einem Feinkostladen nach bester französischer Tradition. Exzellente Getränkeauswahl! Ein empfehlenswertes Hotelrestaurant ist das *Hôtel de France et des Fuchsias (34 Zi. | tgl. | 20, rue du Maréchal-Foch | Tel. 02 33 54 40 41 | Fax 02 33 43 46 79 | www.france-fuchsias.com | €–€€).*

TOURLAVILLE [124 B1]
Das elegante *Château* (16. Jh.) im italienischen Renaissancestil 3 km östlich ist von einem schönen Park mit prunkvollen Gartenhäusern umgeben. Palmen und Blumen verbreiten ein südländisches Flair. *Park stark wechselnde Zeiten, Juli/Aug. tgl. 8–19.30 Uhr | Eintritt frei*

URVILLE-NACQUEVILLE [124 B1]
Das 10 km westlich im Tal gelegene Renaissanceschloss aus dem 16. Jh.

beeindruckt durch seine schöne Fassade und den in englischem Stil mit Eichen und Rhododendren angelegten Park. Mittendrin, recht fotogen, ein Torgebäude aus dem 16. Jh. *Einlass und Führung Ostern–Sept. Mo, Mi, Do, Sa, So 12–17 Uhr jeweils zur vollen Stunde | 5 Euro*

UTAH BEACH [124 C2]

Der Strandabschnitt 43 km südöstlich war einer der Landeplätze der Alliierten während der Operation Overlord. An die spektakuläre Landung 1944 zur Befreiung Frankreichs erinnert das *US-Memorial* direkt am Meer.

VALOGNES [124 B2]

Das 20 km südlich im Herzen des Cotentin gelegene „normannische Versailles" (7800 Ew.) verlor zwar 1944 seine schöne Altstadt, besitzt aber noch immer Zeugnisse seiner bis in die Römerzeit zurückreichenden Geschichte. In der *Maison du Grand Quartier* aus dem 15. Jh. ist das *Musée du Cidre (rue du Petit Versailles)* untergebracht. Ein paar Schritte entfernt befindet sich das *Musée de l'Eau de Vie et des Vieux Métiers*. Beide präsentieren genüsslich die 500-jährige Geschichte der normannischen Edelgetränke *(rue Pelouze | beide April–Sept. Mo und Mi–Sa 10–12 und 14–18, So 14–18 Uhr, im Juli auch Di | beide zusammen 4 Euro).*

GRANVILLE

[124 B5] ★ **Granville ist – nicht zuletzt wegen der direkten Bahnlinie nach Paris – ein beliebtes Seebad.** Mit seinen Nachbarorten Saint-Pair-sur-Mer und Jullouville im Süden sowie Donville-les-Bains, Bréville und Saint-Martin-de-Bréhal verfügt der Großraum über mehr als 20 km bester Badestrände. Die spektakuläre Lage der Altstadt

>LOW BUDGET

- Ein Landschaftsgarten im englischen Stil 10 km südwestlich von Saint-Lô ist der *Schlossgarten in Canisy (6–8, rue Kergorlay | tgl. 10–18 Uhr, im Winter verkürzte Zeiten | www.canisy.com)*, dazu ein Bilderbuchschloss, seit nahezu einem Jahrtausend im Besitz derselben Familie. Die öffnet den Park mit seinen großen Teichen ohne jeden Eintritt nicht nur den Gästen des Schlosshotels, sondern allen Besuchern.
- Einen überaus reizvollen Querschnitt der Halbinsel La Hague liefert der Herrensitz *Le Tourp (tgl. 14–19 Uhr | www.letourp.com)* in Omonville-la-Rogue mit seiner kostenlosen permanenten Ausstellung. Diese wird ergänzt durch unterschiedliche Fotoausstellungen, zum Teil im herrlichen Park rundum.
- Unter dem Namen *La Route de la Table* haben sich lokale Spezialitätenhersteller vom Cidreproduzenten bis zur Käserei, von der Wursterei bis zur Kupferschmiede zusammengeschlossen. Ihren Sammelpass bekommt man in den meisten Offices de Tourisme. Vor Ort kaufen Sie die Produkte zum Herstellerpreis, und ab dem vierten Betriebsbesuch bei einem der angeschlossenen Unternehmen gibt es jeweils ein hauseigenes Gratisprodukt.

(Haute Ville) auf einem Felssporn und das Kasino verhalfen der Stadt (14 000 Ew.) zum Beinamen „Monte Carlo des Nordens". Der schöne Stadtstrand erstreckt sich zu Füßen des Kasinos vor einer imposanten Steilküste.

SEHENSWERTES

MAISON CHRISTIAN DIOR

Über eine Steintreppe erreicht man vom Stadtstrand aus das Geburtshaus des Modeschöpfers mit prächtigem Garten. Im Innern ist ein ▶▶ *Mode- und Kunstmuseum* eingerichtet worden, eine Kultstätte der Fashionfans. *Mitte Mai–Ende Sept. tgl. 10–18.30 Uhr | 5 Euro*

REMPARTS (STADTMAUERN)

Der Rundgang auf den Stadtmauern mit dem befestigten Tor *Grande Porte* eröffnet wunderbare Rundblicke auf Hafen, Bucht, Strände und die Îles Chausey.

ESSEN & TRINKEN

LE PHARE

Vom Tisch geht der Blick über den Hafen – von dort kommt der Fisch direkt auf den Teller, mit exquisitem Umweg über die Küche. Oder, um Einiges teurer, der Hummer. *In der Saison Di, sonst Di/Mi geschl. | 11, rue du Port | Tel. 02 33 50 12 94 |* €€

ÜBERNACHTEN

DES BAINS

Gutes Quartier, Zimmer zum Teil mit Meerblick. *47 Zi. | 19, rue Clémenceau | Tel. 02 33 50 17 31 | Fax 02 33 50 89 22 | www.hoteldesbains-granville.com |* €–€€

LE GRAND LARGE

Das Haus empfiehlt sich vor allem durch seine günstige Lage mitten in der Stadt. *51 Zi. | 5, rue de la Falaise | Tel. 02 33 91 19 19 | Fax 02 33 91 19 00 | www.hotel-le-grand-large.com |* €€

FREIZEIT & SPORT

Die Gewässer zwischen Cotentin, Kanalinseln und Bretagne gehören zu Europas begehrtesten Segelrevieren (▶▶ Segelhafen mit mehr als 1000 Liegeplätzen). Auch Wind- und Kitesurfer finden ideale Bedingungen.

AUSKUNFT

4, cours Jonville | Tel. 02 33 91 30 03 | Fax 02 33 91 30 19 | www.ville-granville.fr

ZIELE IN DER UMGEBUNG

COUTANCES ★ [124 B4]

10 km vom Meer entfernt auf einer sanften Anhöhe gelegen, galt der Ort (11 500 Ew.) 30 km nordöstlich Jahrhunderte hindurch als heimliche Hauptstadt des Cotentin. Eindrucksvoll ist die auf dem höchsten Punkt errichtete Kathedrale *Notre-Dame (Führungen | Anmeldung im Office de Tourisme | place Georges Leclerc | Tel. 02 33 19 08 10 | Fax 02 33 19 08 19 | 5,50 Euro)*. Durch die beiden Spitztürme und die wuchtige Vierung ist dieses Bauwerk ein gutes Beispiel normannischer Gotik. Vom Turm phantastisches Panorama. In Cou-tances lohnt sich ein Spaziergang durch einen der ältesten botanischen Gärten der Normandie – im Hochsommer illuminiert *(Sommer tgl. 9 bis 23.30, Winter 9–17 bzw. bis 20 Uhr | Eintritt frei)*. Über-

Wuchtig thront die gotische Kathedrale von Coutances auf dem höchsten Punkt der Stadt

nachten können Sie im Hotel *Cositel (55 Zi. | route de Coutainville | Tel. 02 33 19 15 00 | Fax 02 33 55 77 18 | www.hotelcositel.com | €).*

HAMBYE **[124 C4]**

Die berühmte Abtei aus dem 12. Jh. liegt 30 km östlich im romantischen Tal der Sienne. Die Anhänger der Französischen Revolution bemächtigten sich der frühgotischen Gemäuer und hinterließen sie als Ruine. Die Reste lassen die gewaltigen Ausmaße des einst bedeutenden Benediktinerklosters erahnen. *Mi–Mo 10 bis 12 und 14–18 Uhr | 4 Euro*

[Insider Tipp] **ÎLES CHAUSEY** **[124 A4]**

Den Besuch dieser Inselgruppe, die im Spiel der Gezeiten die Zahl ihrer Inseln verfünffacht, sollten Sie sich nicht entgehen lassen. Das Vogelparadies wartet mit einigen wunderbaren Badestränden auf. Unvergesslich ist ein Spaziergang rund um die *Grande Isle* mit dem Schloss der Familie Renault. Es werden Rundfahrten auf Segelbooten im Oldtimerlook angeboten. *Überfahrt ca. 1 Std. | um 20 Euro | www.granville-interactiv.com*

SAINT-LÔ **[124 C3]**

Ein Bombardement während der alliierten Landung am 6. Juni 1944 verwandelte die knapp 60 km nordöstlich gelegene, einst malerische Departementshauptstadt in die auch heute noch so genannte „Hauptstadt der Ruinen". Was hier in der Not der Nachkriegszeit an Architektur entstand, kann man nur schwerlich als schön empfinden. Dennoch hat die Stadt mit ihren 20 000 Ew. einen gewissen Charme, nicht zuletzt wegen ihrer Lage im Tal der Vire und der beliebten und belebten Einkaufsstraßen im Zentrum.

Zu den Highlights zählen ein Rundgang über die ★ *Remparts,* die mächtigen Festungsmauern, und der Besuch der Kirche *Notre-Dame* im gotischen Flamboyantstil. Im Osten der Stadt liegt das berühmte Nationalgestüt *Haras National (avenue du Maréchal Juin | Juni und Sept. Führung tgl. 15.30 Uhr, Juli/Aug. Mo bis Sa 11 und tgl. 14.30, 15.30 und 16.30 Uhr | 4,50 Euro |* Insider Tipp *Vorführungen von Pferden und Gespannen durch die Pfleger in historischen Uniformen letzter Do im Juli–1. Do im Sept. Do 15 Uhr (dann keine Führungen) | 4 Euro).* Sehenswert ist auch das *Musée des Beaux-Arts (place du Champ de Mars | Mi–Mo 10–12 und 14–18 Uhr | 2,50 Euro)* mit seiner Sammlung großer Maler wie Eugène Boudin, Jean-François Millet oder Camille Corot.

Eine gute Adresse für eine kulinarische Rast ist das *Péché Mignon (tgl. | 84, rue du Maréchal-Juin | Tel. 02 33 72 23 77 | €€)* mit seiner Palette an eher traditionellen Gerichten im modernen Look. Als stilvolle Bleibe für die Nacht bietet sich das Hotel *Château de La Roque (15 Zi. | Tel. 02 33 57 33 20 | Fax 02 33 57 51 20 | www.chateau-de-laroque.fr | €€)* im 7 km westlich gelegenen Hébecrevon an: fürstliches Ambiente zu bürgerlichen Preisen. Auskunft: *place du Général-de-Gaulle | Tel. 02 33 77 60 35 | Fax 02 33 77 60 36 | www.saint-lo.fr*

Das Tal der Vire mit seinem alten Insider Tipp Treidelpfad *(chemin de halage)* nördlich und südlich von Saint-Lô ist ein Paradies für Radler, Jogger und Wanderer. Zwischen Condé-sur-Vire und Insider Tipp Gourfaleur eröffnen historische Draisinen *(vélorail)* auf der ehemaligen Eisenbahnlinie einen Familienspaß der besonderen Art *(Juli/Aug. tgl., Mitte April–Juni und Sept. Sa/So 10 bis 19 Uhr | 12 Euro/Draisine | Reservierung: Office de Tourisme Torigni-sur-Vire | Tel. 02 33 77 42 22 | torigni.tourisme@wanadoo.fr).* Nahe Torigni an den *Roches de Ham* und dem dortigen Imbiss (super Cidre und Crêpes!) bieten sich eine herrliches Panorama und die Gelegenheit zum Klettern.

LE MONT-SAINT-MICHEL

KARTE IN DER HINTEREN UMSCHLAGKLAPPE

[124 B5] ★ **Eines der berühmtesten Bauwerke Frankreichs und das Wahrzeichen der Normandie ist der legendäre „magische Glaubensberg des Abendlands".** Auf einem kreisrunden Granitkegel in der Baie du Mont-Saint-Michel gelegen und mit einer Höhe von 150 m schon von weitem sichtbar, lassen sich heute 3,6 Mio. Touristen jährlich von ihm faszinieren. Doch die Bucht droht zu verlanden. Ein groß angelegtes Bauprojekt (Kosten: 134 Mio. Euro) soll bis 2009 die einstige Insel dem Meer zurückgeben. Das zu Parkplätzen befestigte Watt wird renaturiert, die Schleuse zum Fluss Couesnon geöffnet, und ein neues System von Staukammern soll das Wasser bei Flut zurückhalten, bei Ebbe ausschütten, um den Sand wegzuspülen. Auf einer Brücke wird eine elektrische Bahn die Touristen übersetzen, zwei Fußgängerspuren verlaufen parallel.

Nach der Überlieferung erhielt Bischof Aubert von Avranches 708 von Erzengel Michael den Auftrag, auf dem Berg eine Kapelle zu errichten.

Die Gründung des Benediktinerklosters erfolgte 966. Seit 1979 steht die Klosterburg auf der Unescoliste des Welterbes.

Ein Spaziergang über den Mont-Saint-Michel ist im Kapitel „Ausflüge & Touren" beschrieben.

Appetit auf ein Hummeromelett? Mit 39 Euro sind Sie bei La Mère Poulard dabei ...

ESSEN & TRINKEN

LA MÈRE POULARD

Hotelrestaurant mit legendärem Ruf. Seine Omeletts sind fast so berühmt wie der Klosterberg selbst. Allerdings muss man dafür tief in die Tasche greifen. Das Renommee des landesweit bekannten Küchenchefs Michel Bruneau will schließlich bezahlt werden. Am preiswertesten ist noch das *menu omelette* (nur mittags). Auch ein Hotel mit 27 Zimmern (€€€) gehört dazu. *Grande rue | Tel. 02 33 89 68 68 | Fax 02 33 89 68 69 | www.mere-poulard.fr* | €€€

ÜBERNACHTEN

SAINT-PIERRE

In einem mittelalterlichen Fachwerkhaus gut ausgestattete Zimmer und ein angenehmer Service. *21 Zi. | Grande rue | Tel. 02 33 60 14 03 | Fax 02 33 48 59 82 | www.auberge-saint-pierre.fr* | €€–€€€

AUSKUNFT

Raststätte auf der A 84 (beide Fahrtrichtungen), Höhe Saint-Aubin de Terregate | Tel. 02 33 89 00 14. In Le Mont-Saint-Michel Auskunft nur schriftlich oder telefonisch: *Tel. 02 33 60 14 30 | Fax 02 33 60 06 75 | www.ot-montsaintmichel.com*

> WIESEN, WASSER, WIND UND WELLEN

Breite Sandstrände für die Badefreuden und dahinter eine fruchtbare Hügellandschaft zur ruhigeren Entspannung

> Die kilometerlangen und je nach Wasserstand viele Hundert Meter breiten Sandstrände der Küste des Departements Calvados begeistern Badeurlauber und Meeresanbeter.

Die Côte Fleurie, die „Blumenküste", beeindruckt durch das exklusive Deauville ebenso wie durch die sich aneinanderreihenden familiären Badeorte. Etwas bescheidener geben sich die Urlaubsziele an der Côte de Nacre, der „Perlmuttküste". Ihre flachen Sandstrände werden Plages de Débarquement genannt, denn sie boten der Invasion der Alliierten ideale Landeplätze. Bunker und Soldatenfriedhöfe sind Zeugen der dramatischen Geschehnisse von 1944.

Mit dem Departement Orne besitzt die Normandie ein Hinterland für Naturfreunde. Die Suisse Normande im Norden, der Parc Naturel Régional Normandie et Maine im Süden und mittendrin die Perche sind Land-

Bild: Landschaft bei Camembert im Pays d'Auge

CALVADOS & ORNE

schaften mit eigenem Charakter. In der mit Bäumen, Hecken, Wiesen und kleinen Seen durchsetzten Hügelregion finden Sie ausgedehnte Waldgebiete – das richtige Umfeld für Pferde, die hier in vielen Gestüten gezüchtet werden.

ALENÇON

[128 B4] Am südlichen Eingang in die Normandie, am Rand des Parc Naturel Régional Normandie et Maine, liegt die Hauptstadt des Departements Orne. Alençon (31 000 Ew.) ist von Wäldern umgeben und Ausgangspunkt für viele schöne Wanderungen. Die Stadt ist zwar Zentrum einer landwirtschaftlich geprägten Region, entwickelte sich jedoch auch zum Industrie- und Handelsplatz. Seit dem ausgehenden 16. Jh. erhielt die frühere Herzogsstadt ihre Geltung durch die Herstellung der berühmten Spitze *Point* *d'Alençon.* Der historische Stadtkern mit seinen Fachwerkhäusern, im Zweiten Weltkrieg stark in Mitleidenschaft gezogen, wurde wieder hergestellt *(Führungen im Juli/Aug. Sa–Mo, Mi, Fr 10.30, Fr 20.30 Uhr | 1,5 Std. | 4,50 Euro | Anmeldung im Office de Tourisme).*

SEHENSWERTES

MAISON D'OZÉ

Zu den wertvollsten Bauwerken der Stadt gehört das Adelspalais aus dem 15. Jh., in dem sich das Office de Tourisme und eine Ausstellung zur Stadtgeschichte befinden. *Place de la Magdeleine | Juli/Aug. Mo–Sa 9.30 bis 19, So 10–12.30 und 15–17.30, Sept.–Juni tgl. 9.30–12 und 14–18 Uhr*

Im Flamboyantstil: Notre-Dame in Alençon

MUSÉE DES BEAUX-ARTS ET DE LA DENTELLE

Werke französischer Maler (17. bis 20. Jh.) und ausführliche Darstellung des Spitzenhandwerks. Im Zweijahresturnus attraktive Wechselausstellungen jeweils mit Schwerpunktthema Mode (z. B. Yves Saint-Laurent, Paco Rabanne) oder Malerei. *Cours Carré de la Dentelle | Di–So 10–12 und 14–18 Uhr | 3,10 Euro*

NOTRE-DAME

Die ursprünglich romanische Kirche im Zentrum wurde im 15. Jh. in schöner Flamboyantgotik gestaltet und nach einem Brand im 18. Jh. restauriert. Beachten Sie die Glasfenster aus dem 16. Jh. *Place de la Magdeleine | tgl. 9–12 und 14–17.30 Uhr*

SAINT-LÉONARD

Im Stadtkern, dem Altstadtviertel Saint-Léonard, verführen hübsche Gassen mit schönen mittelalterlichen Fachwerkhäusern zum Bummeln. Achten Sie besonders auf die schmiedeeisernen Balkonbrüstungen und schönen Fassaden.

ESSEN & TRINKEN

LE BISTROT

Originelles Ambiente mit alten Filmplakaten und phantasievollen Gerichten. *So/Mo geschl. | 21, rue de Sarthe | Tel. 02 33 26 51 69 |* €–€€

LE CHAPEAU ROUGE

Grillrestaurant mit erfreulichem Preis-Leistungs-Verhältnis und häufig wechselnder Karte inklusive Fisch. *Fr-Abend, Sa-Mittag und So geschl. | 117, rue de Bretagne | Tel. 02 33 26 57 53 | €€*

EINKAUFEN

Natürlich gibt es in der Stadt der Spitzen Gelegenheit, diese auch zu erstehen. Aber aufgepasst: Sind sie preiswert, sind es keine echten Handarbeiten. Ohne Risiko kaufen Sie in den Shops der Museen.

ÜBERNACHTEN

CHÂTEAU DE SARCEAUX

In *Valframbert* 3 km hinter der Stadtgrenze liegt idyllisch in einem großen Park dieses ehemalige Jagdschlösschen. Vier zum Teil riesige, stilgerecht möblierte Zimmer. *Tel. 02 33 28 85 11 | Fax 02 33 81 96 52 | www.chateau-sarceaux.com | €€–€€€*

LE GRAND CERF

Günstiges Zweisternehotel, zentral gelegen in einem Haus aus dem 19. Jh.; mit Restaurant. *20 Zi. | 21, rue Saint-Blaise | Tel. 02 33 26 00 51 | Fax 02 33 26 63 07 | hotelgrandcerf-61.com | €*

AM ABEND

LE KISS ME

Musik von Dance bis Zouk, eben alles, was in die Beine geht. Häufig wechselndes Dekor, aber Cocktails – u. a. legendäre Margaritas – von immer gleichbleibender Qualität. Jeden Do und Sa Themenabende. *35, cours Clémenceau* Insider Tipp

AUSKUNFT

Maison d'Ozé | place de la Magdeleine | Tel. 02 33 80 66 33 | Fax 02 33 80 66 32 | www.paysdalencontourisme.com

ZIELE IN DER UMGEBUNG

ARGENTAN [128 B3]

Auch die 45 km nördlich an der Orne gelegene Stadt (17 500 Ew.) bezieht ihren guten Ruf von der Spitzenher-

MARCO POLO HIGHLIGHTS

★ **Carrouges**
Herausragend schönes Wasserschloss (Seite 50)

★ **Le Pin-au-Haras**
Ein echtes Highlight für Pferdefreunde (Seite 51)

★ **Pont de Normandie**
Atemraubende Brücke über die Seinemündung (Seite 65)

★ **Notre-Dame**
Reife normannische Gotik in Sées (Seite 51)

★ **Tapisserie de Bayeux**
Der berühmte Wandteppich ist ein Muss (Seite 52)

★ **Caen**
Prächtige Kirchen und ein wichtiges Museum (Seite 55)

★ **Côte Fleurie**
Seebäder mit internationalem Flair (Seite 59)

★ **Honfleur**
In der schönen Hafenstadt wird Savoir-vivre großgeschrieben (Seite 64)

stellung – wovon man sich in der *Maison des Dentelles (April–Mitte Okt. Di–Sa 9–11.30 und 14–17.30, So 15–17.30 Uhr | 3 Euro)* ein gutes Bild machen kann. Neben der dortigen Ausstellung werden häufig Vorführungen in Spitzenklöppelei veranstaltet. Im Zweiten Weltkrieg wurde Argentan zerstört – umso mehr ist die Wiederaufbauleistung zu würdigen. Das gilt vor allem für die beiden im Flamboyantstil gestalteten Kirchen *Saint-Germain* und *Saint-Martin* (15.–17. Jh.).

CARROUGES ★ **[128 A4]**
Rund 30 km nordwestlich steht im Zentrum einer Parkanlage das herausragend schöne, von Wassergräben umgebene *Château de Carrouges (tgl. 10–12 und 14–18 Uhr, Juli/Aug. länger | 6,10 Euro)* aus dem 14.–17. Jh. Stilarten und Baumaterialien dreier Jahrhunderte geben der Anlage einen eigenen Reiz.

In Carrouges sollten Sie sich in der *Maison du Parc (Mo–Fr 9–12 und 14–18 Uhr)* Informationsmaterial über das 2350 km² große Gebiet des *Parc Naturel Régional Normandie et Maine* besorgen. Dieser Naturpark deckt 150 Ortschaften und größtenteils wunderschöne Landschaft in der Basse-Normandie und dem Pays de Loire ab. Das Informationszentrum liegt direkt neben dem Château und bietet nicht nur nützliche Tipps für Unterkünfte, sondern vor allem eine Fülle an *chemins de randonnées:* Adressen und Karten zu schönen Wanderwegen, geeigneten Fahrradstrecken und malerischen Reit- und Pferdewagenausflügen. *www.parc-naturel-normandie-maine.fr*

Insider Tipp

DOMFRONT **[125 D6]**
135 m hoch über dem Tal der Varenne residiert gut 60 km nordwestlich das mittelalterliche, geschichtsträchtige Städtchen (4500 Ew.). Die früher mächtige Festung aus dem 11. Jh. wurde 1608 von Henri IV geschleift. Die in Grünanlagen eingebetteten Reste und die Türme der alten Stadtmauer sind sehenswert.

Diese Gegend ist auf Birnencidre *(poiré)* spezialisiert, den Sie auf der *Route du Poiré* bei den Produzenten verkosten können. Auskunft: *12, place de la Roirie | Tel. 02 33 38 53 97 | Fax 02 33 30 89 25 | www.domfront.com*

Insider Tipp

MORTAGNE-AU-PERCHE **[128 C4]**
Die stille Hauptstadt (4600 Ew.) der Perche liegt inmitten einer grünen Landschaft, die man vom Stadtpark aus herrlich überblickt. Mittelpunkt des 32 km östlich gelegenen Orts ist die im Flamboyantstil gehaltene Kirche *Notre-Dame* aus dem 15. Jh. mit ihrem massiven Turm. Beachten Sie im Inneren die edlen Holztäfelungen aus dem 18. Jh.! Ein Höhepunkt ist der bildschöne Kreuzgang im *Hôpital Hospice,* einem ehemaligen Franziskanerstift. Große Geltung erlangte Mortagne aber auch als „Hauptstadt der Blutwurst“ (in der vorletzten Märzwoche *Blutwurstmarkt*), die Sie natürlich probieren müssen.

PARC NATUREL RÉGIONAL DU PERCHE **[129 D4–5]**

Insider Tipp

Auf 1820 km² Fläche Wälder und Wallhecken, Wassermühlen und Herrenhäuser: Die Perche ist normannische Idylle pur und ein Paradies für Wanderer und Radfahrer. Informationen und Kartenmaterial erhalten Sie u. a. in der zentralen Verwaltung des Parks in *Rémalard (11, place Saint-Roch | Tel. 02 33 85 36 36 | Fax 02 33 85 36 37).*

Eine ideale Ausgangsbasis für Entdeckungstouren in der Perche ist die *Auberge de Brochard (7 Zi. | Tel. 02 33 25 47 22 | http://aubergedebrochard.free.fr | €)* in Saint-Victor-de-Reno. Das liebevoll restaurierte Bauernhaus ist eine Oase der Ruhe. Das dazugehörige Restaurant (€€) setzt heimische Produkte wie Gemüse, Salate oder Käse bestens in Szene.

LE PIN-AU-HARAS ★ **[128 B3]**

In dem kleinen Ort 45 km nördlich prägt schlichte, eindrucksvolle Eleganz das zum Staatsgestüt *Haras du Pin* gehörende *Château* (18. Jh.). Im Gegensatz zum Schloss können der in Hufeisenform angelegte Innenhof und die Stallungen des über die Grenzen hinaus berühmten Gestüts besichtigt werden. *April–Sept. tgl. 10 bis 18, Okt.–März 14–17 Uhr, Juni bis Sept. Do 15 Uhr Vorführungen, 5 Euro | Führung durch das Gestüt 9 Euro*

SAINT-CÉNERI-LE-GÉREI **[128 B5]**

Das 14 km südwestlich malerisch über einer Sartheschleife gelegene Örtchen ist eines der „100 schönsten Dörfer Frankreichs". Diese Auszeichnung ist nicht nur dem Ausblick über die Bergrücken der Alpes Mancelles zu verdanken, sondern auch den vielen perfekt restaurierten Gassen, einer uralten Brücke und vor allem der zu den Schmuckstücken der Normandie zählenden kleinen romanischen Kirche. Am Ufer der Sarthe lässt es sich bestens angeln und im *Le Lion d'Or – Auberge des Peintres (Di-Abend und Mi geschl. | Tel. 02 33 26 49 18 | €€)* stilvoll einen Imbiss nehmen.

Rund um Domfront wachsen die Früchte für den *poiré*, die Birnenvariante des Cidre

SÉES **[128 B4]**

21 km nördlich liegt der uralte Bischofssitz (4. h.) mit seinen 5000 Ew. am Ufer der Orne. Beherrscht wird er von der mächtigen Kathedrale ★ *Notre-Dame (tgl. 9–18 Uhr)* aus dem 13. Jh. Sie wurde während des Hundertjährigen Kriegs und der Religionskriege mehrfach zerstört und originalgetreu wieder aufgebaut und gilt als Meisterwerk der normannischen Hochgotik. Nachts wird sie prachtvoll angestrahlt. Direkt nebenan befindet sich das *Musée Départemental*

d'Art Réligieux (place du Général de Gaulle | Juli–Sept. Mi–Mo 10–18 Uhr | 2 Euro). Es zeigt diverse kirchengeschichtliche Kunstsammlungen aus dem 12.–19. Jh. sowie archäologische Funde.

Das Hotel *Île de Sées (16 Zi. | Tel. 02 33 27 98 65 | Fax 02 33 28 41 22 | www.ile-sees.fr | €)* liegt 5 km nordwestlich bei Macé ruhig im Grünen und verfügt über ein gutes Restaurant (€€). Auskunft: *place du Général de Gaulle | Tel. 02 33 28 74 79 | Fax 02 33 28 18 13 | seestourisme@wanadoo.fr*

BAYEUX

[125 D3] Mittelalter pur zu Füßen der mächtigen Kathedrale, einer der sehenswertesten Frankreichs. Mit seinem Bischofspalast und den zahlreichen Herrensitzen und Bürgerhäusern aus dem 15.–18. Jh. bietet das im Zweiten Weltkrieg von Zerstörungen verschonte Bayeux (15 000 Ew.) ein vollkommenes architektonisches Ensemble. Weitere Attraktion: der „größte Comicstrip der Welt", ein 70 m langer Wandteppich mit der Geschichte Wilhelms des Eroberers. Garniert wird das Ganze mit den Lokalen und Geschäften einer quicklebendigen Stadt.

SEHENSWERTES

MUSÉE BARON GÉRARD

Im ursprünglichen Bischofspalais ist neben Gemälden (16.–19. Jh.) auch eine Sammlung von Klöppelspitzen und Fayencen untergebracht. *Hôtel du Doyen, rue Lambert Leforestier | 2,60 Euro, Eintritt frei mit Eintrittskarte Tapisserie*

MUSÉE MÉMORIAL DE LA BATAILLE DE NORMANDIE

Dokumente, Schaubilder und Filme über die Landung der Alliierten 1944. *Boulevard Fabian Ware | im Winter tgl. 10–12.30 und 14–18, im Sommer 9.30–18.30 Uhr | 6,50 Euro*

NOTRE-DAME

Sie ist eine der besonders schönen und alten gotischen Kathedralen in Frankreich (11. Jh.). Von dem ursprünglichen romanischen Sakralbau sind lediglich die Krypta und der Kern der Türme erhalten. Dem Umbau des gotischen Chors im 13. Jh. folgten das Querschiff, die Seitenschiffkapitelle und der Vierungsturm, der als letzte Veränderung im 18. Jh. eine barocke Haube erhielt. *Rue Bienvenu | tgl. 8.30–18, im Sommer bis 19 Uhr*

TAPISSERIE DE BAYEUX ★

Bereits in den Jahrhunderten vor der Invasion von 1944 gab es spektakuläre Landungen diesseits und jenseits des Kanals. Eine der ersten ist in Bildern anschaulich dokumentiert: die Überfahrt des Normannenherzogs Wilhelm nach England im Jahr 1066. 58 auf einem 70 m langen, 50 cm breiten Leinenband aufgestickte Bilder aus dem 11. Jh. stellen anschaulich und eindrucksvoll die Überfahrt und die Eroberung Englands dar – fast wie in einer *bande dessinée,* einem modernen Comicstrip. Die große Attraktion von Bayeux – ursprünglich für die Ausschmückung der Kathedrale gedacht – hängt im Centre Guillaume le Conquérant, einem eigens umgebauten Jesuitenkolleg. Seit Kurzem ist die Tapisserie

Bestandteil des Unesco-Welterbes der Menschheit. Das Museum wurde 2007 vollkommen modernisiert und auf den neuesten Stand der Museumstechnik gebracht. *Centre Guillaume le Conquérant, rue Nesmond | tgl. 9.30–12.30 und 14–18, im Sommer 9–19 Uhr | 7,70 Euro | www.tapisserie-bayeux.fr*

den Kellereien: *Le Petit Bordelais | 15, rue du Maréchal Foch; Cave E. Leclerc | boulevard du 6 juin*

ÜBERNACHTEN

HÔTEL D'ARGOUGES

In der Nähe des historischen Zentrums gelegen, wirkt dieses auf drei Häuser aus dem 16. Jh. verteilte Ho-

Reich an normannischer Ornamentik: Kathedrale Notre-Dame in Bayeux

tel mit seinem Garten wie eine ruhige Oase. *28 Zi. | 21, rue de Saint-Patrice | Tel. 02 31 92 88 86 | Fax 02 31 92 69 16 | www.hotel-dargouges.com* | €€–€€€

LE LION D'OR

Frühere Postkutschenstation, zentral gelegen. Mit empfehlenswertem Restaurant *(Mo-Mittag geschl.). 28 Zi. | 71, rue Saint-Jean | Tel. 02 31 92 06 90 | Fax 02 31 22 15 64 | www.liondor-bayeux.fr* | €€–€€€

ESSEN & TRINKEN

LA COLLINE D'ENZO

Das geschmackvolle Dekor begleitet eine nicht minder geschmackvolle und vor allem innovative Küche. *So/Mo geschl. | 2–4, rue des Bouchers | Tel. 02 31 92 03 01* | €€

EINKAUFEN

Die *Kunstwerkstätten (5–11, place aux Pommes)* bieten schöne Holz-, Keramik- und Porzellanarbeiten. Weinproben und -verkauf in folgen-

HOTEL MOGADOR
Diskretes, kleines Hotel in Zentrumsnähe. *14 Zi. | 20, rue Alain-Chartier | Tel. 02 31 92 24 58 | Fax 02 31 92 24 85 | €*

AM ABEND

Die im Ägyptenlook dekorierte Disko *Pyramide (Eintritt 9 Euro inkl. Getränk)* ein paar Kilometer Richtung Küste in Etreham unterhält jugendliche Gäste auf das Beste.

AUSKUNFT

Pont Saint-Jean | Tel. 02 31 51 28 28 | Fax 02 31 51 28 29 | www.bayeux-tourism.com

ZIELE IN DER UMGEBUNG

CHÂTEAU DE BALLEROY **[125 D3]**
Im Wald Fôret de Cerisy 18 km südwestlich liegt mit dem im Stil von Louis XIII erbauten Château de Balleroy (17. Jh.) ein Prachtbau aus der Zeit des aufkommenden Klassizismus. Der elegante französische Ziergarten und der schöne Park sind geschickt in die architektonische Gestaltung der Anlage eingebunden. Allein die reiche Innenausstattung lohnt eine Besichtigung. Das Schloss befindet sich heute im Besitz der amerikanischen Milliardärsfamilie Forbes.

In den sich harmonisch in die Schlossanlage einfügenden Stallungen zeigt das *Musée des Ballons* die Geschichte und die Entwicklung der Ballonfahrerei. Und alle zwei Jahre im Juni findet ein internationales Heißluftballonfestival statt. *Mitte März–Mitte Okt. tgl. 10–18, Mitte Okt.–Mitte März Mo–Fr 10–12 und 13.30–17 Uhr | Schloss 5,35, Mu-*

Im Inneren der Abbaye aux Hommes ruht Wilhelm der Eroberer in einem Marmormausoleum

seum 4,27, Schloss und Museum 6,86 Euro, Park 3 Euro | www.chateau-balleroy.com

CREULLY **[125 E3]**
Eng mit der Geschichte des mittelalterlichen Städtchens 12 km im Osten ist die wechselvolle Historie des *Château de Creully* (11.–16. Jh.) verbunden. 1944 war das übermächtige Bauwerk mit Festungsmauer das Hauptquartier des britischen Generals Bernard L. Montgomery und das Sendestudio der BBC (kleines Radiomuseum). *Juli–Mitte Sept. Di–Fr 10.30–12.30 und 14.30–17.30 Uhr | 3 Euro*

TOUR-EN-BESSIN **[125 D3]**
Den kleinen Ort 6 km nordwestlich dominiert die Kirche mit einem eleganten Vierungsturm aus dem 13. und einem originell konstruierten Chor aus dem 15. Jh. Am nördlichen Ortsrand führt eine lange Allee auf das kleine, hübsche *Château de Vaulaville* (*Besichtigung nur nach Vereinbarung | Tel. 02 31 92 52 62 | 4 Euro*) aus dem 18. Jh. zu, in dem prächtige Holzarbeiten, schönes Mobiliar und eine Sammlung von Bayeuxporzellan zu sehen sind. Sie können hier auch in einem der drei großen Zimmer übernachten (€€).

CAEN

KARTE IN DER HINTEREN UMSCHLAGKLAPPE

[125 E3] ★ In einer weiten Ebene, durch einen 14 km langen Kanal mit dem Meer verbunden, liegt die damalige Hauptstadt des von Wilhelm dem Eroberer regierten Herzogtums Normandie, deren gallischer Name „Schlachtfeld" bedeutet. Bei der Befreiung 1944 wurde die Stadt stark zerstört. Der Wiederaufbau entwickelte sich in Einklang mit dem Charakter der zum Glück weitgehend erhalten gebliebenen Altstadt und ihrer herrlichen Baudenkmäler. Heute ist Caen (117 000 Ew.) der Verwaltungssitz des Departements Calvados und Zentrum des regen wirtschaftlichen und kulturellen Lebens der Region Basse-Normandie. Die 1432 gegründete Universität gehört zu den größten des Landes. Caen eignet sich aufgrund seines vielfältigen Angebots auch außerhalb der touristischen Hochsaison als Standort für Exkursionen in die Umgebung.

SEHENSWERTES

ABBAYE AUX DAMES
Im östlichen Teil der Altstadt befindet sich die großartige romanische Abteikirche La Trinité, die Kirche der Abbaye aux Dames aus dem 11. Jh. Zu bewundern sind nicht nur die Krypta mit Kreuzgratgewölbe und der Kreuzgang, sondern auch ein französischer Garten. *Place de la Reine Mathilde | tgl. 9–18, geführter Rundgang 14.30 und 16 Uhr | Eintritt frei*

ABBAYE AUX HOMMES
Die im 11. Jh. von Wilhelm dem Eroberer im romanischen Stil erbaute Abteikirche *Saint-Étienne* wurde (Insider Tipp) zwei Jahrhunderte später durch Chor und Türme im frühgotischen Stil ergänzt. Ein Meisterwerk sakraler Architektur, welches vor allem durch seine durchgängige Ästhetik und die berauschende Akustik besticht (Orgelspiel). Saint-Étienne ist zudem die

Grabstätte Wilhelms des Eroberers. Das an die Kirche angebaute Abteigebäude aus dem 18. Jh. besitzt eine kostbare Innenausstattung. *Place Louis-Guillouard | tgl. Führungen um 9.30, 11, 14.30 und 16 Uhr | 2,20 Euro | freie Besichtigung nur der Kirche tgl. 8.15–12 und 14–19.30 Uhr*

Abenddämmerung besonders stimmungsvolles Bild.

HÔTEL D'ESCOVILLE

Gegenüber der Kirche an der Place Saint-Pierre beeindruckt der bedeutende Renaissancebau Hôtel d'Escoville aus dem 16. Jh. Der schöne Innenhof ist mit Skulpturen geschmückt.

Im großstädtischen Caen locken immer wieder Cafés zur Pause beim Stadtbummel

CHÂTEAU DUCAL

Durch die lebhafte Rue Saint-Pierre mit zwei besonders schönen alten Fachwerkhäusern gelangt man zu dieser auf einem niedrigen Felsen gelegenen, mächtigen Festungsanlage aus dem 11. Jh. Die wehrhafte Ringmauer, durchsetzt von zwei Portalen und zahlreichen Bastionen, ist begehbar und bietet einen herrlichen Blick auf die für die Silhouette der Stadt so charakteristischen Türme – ein in der Abenddämmerung besonders stimmungsvolles Bild.

MÉMORIAL CAEN NORMANDIE

Das *Musée pour la Paix* (Museum für den Frieden) mit einer historischen Gesamtübersicht von 1918 bis heute versteht sich als Ort des Friedens und der Besinnung. Die Hälfte der jährlich 500 000 Besucher sind jünger als 20 Jahre. *Esplanade Eisenhower | Sommer tgl. 9–20, sonst 9 bis*

18/19 Uhr | 17 Euro | www.memorial-caen.fr

MUSÉE DES BEAUX-ARTS

In der Burganlage des Château Ducal ist das Kunstmuseum mit einer Sammlung italienischer und französischer Meister aus dem 17./18. Jh. untergebracht. *Esplanade du Château | Mi–Mo 9.30–18 Uhr | Eintritt außer bei Sonderausstellungen frei*

SAINT-PIERRE

Der Burg vorgelagert liegt die gotische Kirche aus dem 13./14. Jh. mit einer eindrucksvollen Fassade, vielen Ornamenten im Flamboyantstil und einem 78 m hohen normannischen Glockenturm. *Place Saint-Pierre*

ESSEN & TRINKEN

LE P'TIT BOURRIDE

Edelbistro mit nur einem Menü, das Produkte der jeweiligen Jahreszeit schmackhaft in Szene setzt. *Tgl. | 15, rue de Vaugueux | Tel. 02 31 93 50 76 | €€€*

MAÎTRE CORBEAU

Alles Käse, aber das vom Besten, z. B. als Fondue. Studentische Atmosphäre und mäßige Preise. *Sa-Mittag, So-Mittag und Mo-Mittag geschl. | 8, rue Buquet | Tel. 02 31 93 93 00 | €*

AU VIEUX POMMIER

Das absolute Must für alle Crêpesfans mit äußerst freundlichen Preisen, z. B. das *menu du jour* mit einer *galette* (salzige Crêpe), einem Viertel Wein oder Cidre und einer Dessertcrêpe samt Café für unter 10 Euro. *So und außer Fr/Sa abends geschl. | 21, rue Caponière | Tel. 02 31 86 40 45 | €*

EINKAUFEN

Junge, szenige Mode findet sich in den Boutiquen des studentisch geprägten Stadtzentrums.

ÜBERNACHTEN

HÔTEL DU HAVRE

Das Hotel bietet 19 gemütliche Zimmer in Zentrumsnähe. *11, rue du Havre | Tel. 02 31 86 19 80 | Fax 02 31 38 87 67 | www.hotelduhavre.com | €*

JUGENDHERBERGE ROBERT RÊME

56 Betten in 2- bis 4-Bett-Zimmern, mit Frühstück 14,50 Euro. 2 km vom Bahnhof. *68, rue Eustache Restout | Tel. 02 31 52 19 96 | Fax 02 31 84 29 49 | residence.robertreme.caen@wanadoo.fr*

MODERNE

Im Zentrum, Frühstück im 5. Stock mit Panoramablick über die Stadt. *116, boulevard du Maréchal Leclerc | 40 Zi. | Tel. 02 31 86 04 23 | Fax 02 31 85 37 93 | €€€*

AM ABEND

LE CARRÉ NEW CLUB ▶▶

Die gediegenste Disko in Caen, für die gutsituierten Singledreißiger. Meist bis 5 Uhr früh geöffnet. *32, quai Vendeuvre | Eintritt 13 Euro*

LE CHÉ

Latinobar mit entsprechender Verpflegung wie Tapas etc., dazu heiße Rhythmen von Salsa bis Cuba. *53, rue de Geôle*

LE VERTIGO ▶▶

Deko in Extremkitsch, Kulisse für legendäre Happy Hours und anschließendes Highlife ohne Ende. *Die* Bar von Caen und dementsprechend rappelvoll. *14, rue Ecuyère*

AUSKUNFT

12, place Saint-Pierre | Tel. 02 31 27 14 14 | Fax 02 31 27 14 18 | www.caen.fr/tourisme

ZIELE IN DER UMGEBUNG

FALAISE [125 F4]

Die große Sehenswürdigkeit der 35 km südlich gelegenen Geburtsstadt Wilhelms des Eroberers (23 000 Ew.) ist der auf einem Felsvorsprung errichtete, mächtige *Festungskomplex (tgl. 10–18, Juli/Aug. 10–19 Uhr | 6,50 Euro | www.chateau-guillaume-leconquerant.fr)*. Ältester Teil ist der rechteckige Bergfried aus dem 11. Jh. Unterhalb des Torhauses steht die Kirche *Sainte-Trinité* (13.–16. Jh.), die in ihren einzelnen Elementen den Übergang von der Gotik zur Renaissance zeigt. Die Kirche *Saint-Gervais* (12.–15. Jh.) wurde romanisch begonnen und gotisch vollendet. Das mit schönen Toren und Stadtmauer ausgestattete Falaise wurde im Zweiten Weltkrieg fast vollständig zerstört, ist aber wieder aufgebaut. Auskunft: *boulevard de la Libération | Tel. 02 31 90 17 26 | Fax 02 31 90 98 70 | www.otsifalaise.com*

FONTAINE-HENRY [125 E3]

In einem Park 15 km nordwestlich im schönen Tal der Mue steht das Renaissanceschloss aus dem 15. Jh., das auf eine Befestigungsanlage aus dem 12. Jh. aufgesetzt wurde. Reiche Innenausstattung mit Möbeln, Porzellan und Gemälden. *Mitte Juni–Mitte Sept. Mi–Mo, Ostern–Mitte Juni und Mitte Sept.–Okt. Sa/So 14.30–18.30 Uhr | 7 Euro | www.chateau-de-fontaine-henry.com*

LE BÉNY-BOCAGE [125 D4]

Eigentlich nur ein verträumtes Dorf in Panoramalage über der Bocage ca. 50 km südwestlich von Caen – bis

Im nostalgischen Retro-Look: Strandzelte im Belle-Époque-Seebad Cabourg

Bungeelegende A. J. Hackett auf dem Pylon eines ehemaligen Eisenbahnviadukts eine Sprunganlage installierte. Die zieht nun 100 000 Besucher pro Jahr an, von denen etwa 10 000 den Sprung ins Leere wagen. Nebenan ein kleiner Abenteuerpark. *Viaduc de la Souleuvre | La Ferrière Harang | April–Mitte Nov. Sa/So, Mitte Juni–Mitte Sept. tgl. | 1. Sprung 79, 2. Sprung 46 Euro | Reservierung nötig, Tel. 02 31 66 31 66 | Fax 02 31 66 31 67 | www.ajhackett.fr*

SUISSE NORMANDE [125 E4]

Sanfte Hügel, malerische Täler und steile Felsböschungen säumen die Flüsse und Bäche in der Normannischen Schweiz. Im Zentrum dieses Landstrichs fließt mal still, mal schäumend die Orne, markant in das Gestein eingegraben. Die von Thury-Harcourt über Condé-sur-Noireau, Pont-d'Ouilly, Clécy zurück nach Thury-Harcourt verlaufende *Route de la Suisse Normande* bietet nicht nur Schlösser, Kirchen, Kapellen und charmante Ortschaften, sondern schafft auch eine Vielzahl von Möglichkeiten für Wanderungen und Mountainbiketouren. Auch Reiten, Drachenfliegen, Klettern und Kanu- bzw. Kajaksport sind möglich.

Eingangspforte zur Normannischen Schweiz ist das 25 km südlich von Caen gelegene *Thury-Harcourt (Mai–Sept. tgl. 14.30–18.30 Uhr | 4,50 Euro)* mit seinem Schlosspark. Der 1700-Ew.-Ort erlangte durch das 1944 niedergebrannte Schloss aus dem 17. Jh. seine Geltung. Die Überreste liegen in einer blumenreichen englischen Parkanlage mit 4 km langen Alleen am Ufer der Orne. Auskunft: *2, place Saint-Sauveur | Tel. 02 31 79 70 45*

VIRE [125 D5]

Rund 60 km südwestlich von Caen liegt das geschichtsträchtige Städtchen (14 000 Ew.), bekannt durch seine Wurstspezialität, die Innereienwurst *andouille de Vire*. Anschauen können Sie die Reste eines Bergfrieds aus dem 13. Jh., die *Porte Horloge*, die Kirche *Notre-Dame* sowie die Wehrtürme *Saint-Sauveur* und *Raines*. Auf einem Felsvorsprung erkennt man noch die Ruinen einer Verteidigungsanlage aus dem 12. Jh. Von hier bietet sich Ihnen ein schöner Rundblick über das Tal der Vire. Auskunft: *square de la Résistance | Tel. 02 31 66 28 50 | Fax 02 31 66 28 55 | www.vire-tourisme.com*

CÔTE FLEURIE

[125 F2–3] ★ Die wohl bekannteste und zugleich mondänste Baderegion Nordfrankreichs, die Blumenküste zwischen Cabourg und Honfleur, war bereits im 19. Jh. Sommerurlaubsziel von betuchten Parisern. Sie bietet feinsandige Strände, Yachthäfen und ein abwechslungsreiches Nachtleben.

ORTE AN DER CÔTE FLEURIE

CABOURG [125 F3]

Als Ferienort geplant, entstand Cabourg 1860 auf dem Reißbrett. Und so führen noch heute viele Straßen direkt auf das Kasino zu – gesäumt von Häusern mit dem freundlichen Charme der Belle Époque. Die an dem feinsandigen Strand entlangführende Promenade Marcel Proust erinnert an den großen Dichter, der aus gesundheitlichen Gründen viele Jahre in Cabourg verbrachte und dem Ort als „Balbec" einen Platz in seinem Monumentalwerk „Auf der Suche nach der verlorenen Zeit" gab.

Vielleicht inspiriert Sie ein Aufenthalt in seinem phantastisch über dem Meer gelegenen einstigen Feriendomizil, dem *Grand Hotel (70 Zi. | promenade Marcel Proust | Tel. 02 31 91 01 79 | Fax 02 31 24 03 20 | www.grandhotel-cabourg.com | €€€)*, ebenfalls zu literarischem Schaffen. Angesichts des Preisniveaus sollten Sie davon aber eine größere Auflage verkaufen können. Das romantische Seebad (3400 Ew.) hat einen Yachtclub, Segelschulen und Strandsegeln, aber auch Theater, Kino, Nachtclub und Bars im Angebot. Auskunft: *jardin du Casino | Tel. 02 31 91 20 00 | Fax 02 31 24 14 49 | www.cabourg.net*

DEAUVILLE ▶▶ **[125 F2]**

Scheich Raschid Al Maktoum aus Dubai fliegt seinen Rennstall samt Pflegern und Futter im Frachtjet ein. Während der Auktionen ersteigert man Yearlings (einjährige Pferde) zu Preisen, die anderswo den Erwerb von Mehrfamilienhäusern gestatten. Das Publikum hüllt sich in edle Haute Couture: Szenen der Rennwoche von Deauville Mitte August. Doch längst nicht nur dann oder während des Festivals des amerikanischen Films Anfang September wird das legendäre Seebad (4300 Ew.) seinem Ruf als Treffpunkt der Schönen und Reichen dieser Welt gerecht. In der Stadt mit ihren prachtvollen Villen und den atemraubenden Anwesen in den Hügeln rundum logiert regelmäßig ein guter Teil des internationalen Who's who von Liza Minnelli bis Baron Rothschild; vor allem aber der Pariser (Geld-)Adel, für den die Nähe von Deauville zur Hauptstadt ein weiteres Plus darstellt.

Im Restaurant *Le Ciro's Barrière (außerhalb der Saison Di/Mi geschl. | boulevard de la Mer sur les Planches | Tel. 02 31 14 31 31 | €€€)* isst man Fisch und Meeresfrüchte mit Strandblick hinter großen, alten Glasfenstern; *Le Spinnaker (Mo, Sept.–Juni auch Di geschl. | 52, rue Mirabeau | Tel. 02 31 88 24 40 | €€–€€€)* serviert raffinierte Menüs. Das normannische Luxushotel schlechthin ist das *Normandy Barrière (38, rue Jean-Mermoz | 291 Zi. | Tel. 02 31 98 66 22 | Fax 02 31 98 66 23 | www.lucienbarriere.com | €€€)*. Ihren Zimmernachbarn kennen Sie möglicherweise aus dem

Fernsehen. Auskunft: *place de la Mairie | Tel. 02 31 14 40 00 | Fax 02 31 88 78 88 | www.deauville.org*

DIVES-SUR-MER [125 F3]

Die historische Bedeutung des Orts (5400 Ew.) geht auf das Jahr 1066 zurück, als Wilhelm der Eroberer mit seiner Flotte von hier aufbrach, um England zu erobern. Damals besaß Dives noch einen florierenden Hafen. Die aus Holz gebauten Markthallen (15. Jh.) und eine Reihe alter Häuser aus dem 16. Jh. sind eindrucksvolle Zeugnisse der mittelalterlichen Geschichte von Dives-sur-Mer, dessen Hafen inzwischen versandet ist. Sehenswert ist die ursprünglich romanische Kirche *Notre-Dame* (11.–15. Jh.). Exquisite Einkaufsmöglichkeiten bieten im *Village d'Art Guillaume-le-Conquérant* elegante Geschäfte für Kunst, Kunsthandwerk und Antiquitäten.

HOULGATE [125 F3]

Kurz vor dem Ort öffnet sich ein herrlicher Rundblick über die Küste und die Mündung der Dives. Der Kurort (2000 Ew.), ein klassisches Seebad mit entsprechend prächtigen Strandvillen, erfreut sich großer Beliebtheit. *Au 1900 (16 Zi. | 17, rue des Bains | Tel. 02 31 28 77 77 | Fax 02 31 28 08 07 | www.hotel-1900.fr | €)* ist ein zentral gelegenes, charmantes Hotel in einem Gebäude aus dem 19. Jh.

TROUVILLE [125 F2]

Bescheidener als das mondäne Deauville präsentiert sich Trouville (5600 Ew.) auf der anderen Flussseite. Die Maler Edouard Manet, Claude Monet, Eugène Boudin und Camille Pissarro ließen sich hier inspirieren. Der alte Fischereihafen ist heute ein sehr beliebter Badeort mit hübscher Altstadt, Strandpromenade mit alten Vil-

Als quirliger Badeort mit Pariser Atmosphäre präsentiert sich Trouville

len und einem exklusiven Yachthafen. Interessant sind das Stadtmuseum mit einer Rückschau auf Praktiken und Moden des Strandlebens sowie Künstlerporträts in der *Villa Montebello (Musée de Trouville | 64, rue du Général Leclerc | Mi–Mo 14 bis 18 Uhr | 1,50 Euro)* und das *Natur'Aquarium (17, rue de Paris | tgl. 10–12 und 14–18, im Sommer 10–19 Uhr | 6,50 Euro)*. Ein Erlebenis ist jeden Morgen der pittoreske Fischmarkt. Am Tag lockt der weitläufige, feinsandige Strand, und am Abend können Sie Ihr Glück im *Le Louisiane Follies* versuchen, dem einzigartigen Kasino im Louisianastil.

Im Erdgeschoss des Hotels *Le Central (26 Zi. | 158, boulevard F. Moureaux | Tel. 02 31 88 80 84 | Fax 02 31 88 42 22 | €€)* finden Sie *das* Bistro *(tgl.)* von Trouville mit gleichem Namen. Weitere empfehlenswerte Hotels bzw. Restaurants: *Carmen | 18 Zi. | 24, rue Carnot | Tel. 02 31 88 35 43 | Fax 02 31 88 08 03 | €–€€; Mercure | 80 Zi. | place Foch | Tel. 02 31 87 38 38 | Fax 02 31 87 35 41 | www.mercure.com | €€–€€€*. Auskunft: *32, boulevard F. Moureaux | Tel. 02 31 14 60 70 | Fax 02 31 14 60 71 | www.trouvillesurmer.org*

Insider Tipp **VACHES NOIRES** [125 F3]

Die „schwarzen Kühe" sind beeindruckende Formationen von fossilienreichen, dunkelbraunen Mergelklippen am langen Strand zwischen Houlgate und Villers-sur-Mer. Von Auberville aus über einen ausgeschilderten, stellenweise beschwerlichen Fußweg erreichbar *(Dauer: ca. 2 Std. hin und zurück)*.

VILLERS-SUR-MER [125 F2–3]

An einem über 5 km langen Feinsandstrand liegt das klassische Seebad mit einer Reihe Fachwerkhäuser in normannischem Stil aus dem 19. Jh. Einen Besuch wert ist das *Musée Paléontologique (Juli/Aug. tgl. 9–19 Uhr, in der übrigen Zeit kürzer | 3,80 Euro)* mit Fossilien aus den kalkhaltigen Klippen der Umgebung. Ausrüstungen zum Strandsegeln, Segeln und Kajakfahren vermietet der *Cercle Nautique (rue Feine Chemin d'Angoville | Tel. 02 31 87 00 30 | Fax 02 31 87 84 00 | www.voilevillers.com)*.

CÔTE DE NACRE

[125 D–E2] **Die westlich der Ornemündung gelegene Côte de Nacre (Perlmuttküste) ging vor allem durch die Plages de Débarquement, die Landeplätze der Alliierten bei der Befreiung im Juni 1944, in die Geschichte ein.** Von Ouistreham, aufgrund seines Fährhafens (nach Portsmouth) auch „Tor zu Frankreich" genannt, bis zum Felssporn der Pointe du Hoc präsentiert sich die Küste mit zahlreichen Badeorten und feinen Stränden.

ORTE AN DER CÔTE DE NACRE

ARROMANCHES-LES-BAINS [125 D–E2]

Bei der Befreiung 1944 war dieser kleine, friedliche Fischerhafen einer der Landungsplätze der Alliierten. In einem waghalsigen Unternehmen wurden vor der Küste künstliche Wellenbrecher und Landungseinrichtungen installiert, die das Ausladen von Tausenden Tonnen Kriegsmaterial möglich machten und damit den

Erinnerung an die Befreiung 1944 und Mahnmal: US-Soldatenfriedhof am Omaha Beach

Nachschub sicherten. Im *Musée du Débarquement (Feb./März und Okt./Nov. tgl. 10–13 und 14–17, April bis Sept. 9.30–18.30 Uhr, 6,50 Euro)* informiert eine Ausstellung über die Landung. Im *Cinema Arromanches 360° (Sept.–Mai tgl. 10.10–16.40, Juni–Aug. 9.40–18.40 Uhr | 4 Euro)* zeigt ein Film (18 Min.) auf kreisförmiger Leinwand das dramatische Geschehen.

Die *Ferme de la Rançonnière (Tel. 02 31 22 21 73 | Fax 02 31 22 98 39 | www.ranconniere.fr)* 7 km südöstlich bei Crépon bietet sowohl 33 Zimmer (€–€€) als auch ein Restaurant *(tgl. | €€)*. Auskunft: *2, rue du Maréchal Joffre | Tel. 02 31 22 36 45 | Fax 02 31 22 92 06 | www.ot-arromanches.fr*

COURSEULLES-SUR-MER [125 E2]

Courseulles und seine Nachbarorte besitzen lange Feinsandstrände, an denen es sich herrlich baden und erholen lässt. Von Courseulles lohnt sich ein Abstecher ins malerische Dorf *Reviers*, um von dort aus die touristische *Route des Moulins* Straße der Mühlen) anzusteuern. An der 35 km langen Rundstrecke liegen in der anmutigen Hügellandschaft des Bessin nicht nur mehrere Wind- und Wassermühlen, sondern auch ein halbes Dutzend sehenswerte Schlösser und Kirchen. Auskunft: *5, rue du 11 Novembre | Tel. 02 31 37 46 80 | Fax 02 31 36 17 18 | www.courseulles-sur-mer.com*

Insider Tipp

OMAHA BEACH [125 D2]

Bei der Landung 1944 waren es in den östlichen Abschnitten *Sword Beach, Juno Beach* und *Gold Beach* die englisch-kanadischen, in den westlichen Abschnitten *Omaha Beach* und *Utah Beach* die amerikanischen Truppen, die die Landung erkämpften. Die geheimen Codenamen für die Landungsabschnitte blieben später als offizielle Strandbezeichnungen erhalten. Soldatenfriedhöfe und

Museen, Mahnmale und Gedenktafeln, aber auch immer wieder viele Überreste der massiven Bunkeranlagen zeugen von den dramatischen Ereignissen und erinnern an die Zeit des Zweiten Weltkriegs. Heute sind die breiten, feinen Sandstrände bei Ebbe ein Dorado der Strandsegler *(Vermietung von Strandsegelausrüstung: Eolia Normandie Omaha Beach | Le Cavey | Colleville-sur-Mer | Tel. 02 31 22 26 21 | www.eolia.fr.st).*

OUISTREHAM-RIVA-BELLA [125 E3]

An der Mündung der Orne liegt die Hafenstadt (6700 Ew.). Sehenswert sind die romanische Kirche *Saint-Samson* aus dem 12. und die steinerne Zehntscheune aus dem 15. Jh. Das mit Ouistreham zusammengewachsene Riva-Bella ist ein beliebtes Strandbad an der Côte de Nacre. Empfehlenswert ist das traditionsreiche Hotelrestaurant von 1897 *Le Normandie (März–Nov. tgl. | 22 Zi. | 71, avenue M. Cabieu | Tel. 02 31 97 19 57 | Fax 02 31 97 20 07 | www.lenormandie.com | €).*

POINTE DU HOC [125 D2]

Als strategischer Punkt dieses landschaftlich wunderschönen Küstenabschnitts war die Pointe du Hoc bei der Invasion heiß umkämpft. Die wichtigsten Szenen des Films „Der längste Tag" wurden hier gedreht. Die Pointe ist heute eine Gedenkstätte. Den Meeresfang kann man auf dem täglichen Fischmarkt in *Grandcamp-Maisy* besehen, beschnuppern und natürlich kaufen. Ganz in der Nähe, in *La Cambe* an der Route Nationale 13 (7,5 km südlich), befindet sich der größte deutsche Kriegsfriedhof der Normandie, auf dem 21 300 Soldaten ihre letzte Ruhe fanden *(Informationszentrum im Sommer tgl. 8–19, im Winter bis 17 Uhr).*

Auskunft: *118, rue Aristide Briant | Grandcamp-Maisy | Tel. 02 31 22 62 44 | Fax 02 31 22 99 95*

PORT-EN-BESSIN [125 D2]

Der wichtigste normannische Fischerhafen (2100 Ew.) liegt eingebettet zwischen mächtigen Felsen. Ein beeindruckendes Schauspiel ist es, wenn beim Öffnen der Schleusentore ca. 2,5 Stunden vor dem Hochwasser die bunte Fischereiflotte die Hafeneinfahrt passiert (Fischverkauf direkt an der Hafenmole). Insider Tipp Fischliebhaber frönen im Restaurant *Le Vieux Pêcheur (außerhalb der Saison So-Abend und Mo geschl. | 5, place Fontaine | Tel. 02 31 71 21 27 | €€)* ihrer Leidenschaft – frischer gehts wirklich nicht. Auskunft: *40, quai Baron Gérard | Tel. 02 31 22 45 80 | Fax 02 31 51 28 29 | www.bayeux-bessin-tourism.com*

HONFLEUR

[126 A4] ★ ▶▶ **Malerisch im ganz wörtlichen Sinn: Claude Monet stellte in Honfleur seine Staffelei auf, Eugène Boudin genauso und viele andere nach ihnen.** Bis heute, denn die Hafenstadt (8300 Ew.) an der Seinemündung hat nichts von ihrem Charme verloren – auch wenn man sich diesen an Wochenenden und in den Ferien mit vielen anderen Besuchern teilen muss.

Rund um das Hafenbecken *Vieux Bassin* (bestes Fotolicht: vormittags) Insider Tipp herrscht noch echtes nautisches Ambiente. Reichlich Galerien, Restaurants und Cafés haben sich in den schmalen, schieferverkleideten Häusern eingerichtet. Am Kai bestimmt ein buntes Gemisch aus Fischerbooten, Yachten und Segeloldtimern die Szenerie. Die ruhmreiche Vergangenheit Honfleurs mit Korsaren und Entdeckern ist überall spürbar. Die Fachwerkhäuser im romantischen Viertel Sainte-Catherine kommen einer Einladung zum Bummeln gleich. Sehenswert in der Rue de la Ville die beiden erhalten gebliebenen Salzspeicher, in denen früher die Fische gepökelt wurden.

SEHENSWERTES

LES MAISONS SATIE

Eine szenografische Hommage an den 1866 in Honfleur geborenen Komponisten Eric Satie. Das Museum vermittelt performanceartig nähere Bekanntschaft mit Werk, Leben und Geist des avantgardistischen Musikers. *67, boulevard Charles V | Sommer Mi–Mo 10–19, Winter 10.30–18 Uhr, Jan.–Mitte Feb. geschl. | 5 Euro*

MONT JOLI

Über eine Serpentinenstraße westlich der Stadt erreicht man die Chapelle *Notre-Dame-de-Grâce (tgl. 8.30 bis 17.30 Uhr)* aus dem 17. Jh. mit ihrem schiefergedeckten Turm. Vom Platz vor der Pilgerkapelle hat man einen herrlichen Rundblick auf Honfleur, die Seinemündung und den Pont de Normandie.

MUSÉE EUGÈNE BOUDIN

Bedeutende Sammlung vorimpressionistischer und zeitgenössischer Gemälde sowie eine Ausstellung normannischer Trachten. *Place Eric Satie | Mitte März–Sept. Mi–Mo 10–12 und 14–18, Okt.–Mitte März Mi–Mo 14.30–17, Sa/So auch 10–12 Uhr | 4,50 Euro*

Mit fast 900 m Spannweite überbrückt der Pont de Normandie die Seinemündung

PONT DE NORMANDIE ★

Östlich von Honfleur spannt sich diese atemraubende Brücke auf gut

2 km über die Seinemündung. Von der Brückenmitte tolle Aussicht auf den Mündungstrichter. Einen ausgeschilderten Parkplatz finden Sie am Südufer (kostenlos, dann weiter zu Fuß). Die Überquerung mit dem Auto kostet 5 Euro.

SAINTE-CATHERINE

Die Holzkirche aus dem 15. Jh. in der Altstadt besteht aus zwei parallelen Schiffen und einem getrennt stehenden, mit Kastanienholzschindeln verkleideten Glockenturm. Eigentlich als Provisorium errichtet, berührt sie durch ihre Schlichtheit. *Tgl. 8.30 bis 18 Uhr | Kirchturmbesichtigung in Verbindung mit Musée Boudin*

ESSEN & TRINKEN

L'ABSINTHE

Köstliche Fisch- und Meeresfrüchtegerichte am Hafen in historischem Ambiente. Auch sieben Zimmer. *Tgl. | 10, quai de la Quarantaine | Tel. 02 31 89 39 00* | €€€

Insider Tipp LE BACARETTO

Adrien Baudry, Exsommelier des Pariser Crillon, serviert Ihnen hier seine Auswahl an (Bio-)Weinen zu ausgesprochen phantasievollen Snacks, auch die oft Bio, zu Preisen, die in einem Touristenmagneten wie Honfleur kaum zu glauben sind. *Mi-Abend und Do. geschl. | 44, rue de la Chaussée | Tel. 02 31 14 83 11* | €€

Insider Tipp AUBERGE DU VIEUX LOGIS

Das sterngekrönte Restaurant im Fachwerkstil 12 km östlich von Honfleur in Conteville ist nicht ganz billig. Aber die normannischen Spezialitäten wie Lammhaxe mit Kümmelkarotten oder Pont-l'Évêque-Käse in Pfefferkaramell sind jeden Euro wert! *So-Abend und Mo, Sept.–Juni auch Di geschl. | Tel. 02 32 57 60 16* | €€€

EINKAUFEN

Die Boutique *La Voilière (rue des Lingots, beim Kirchturm)* führt Textilien und Accessoires im Matrosenlook (reizende Kindersachen). Von weit her kommen die Leute zu Madame Coueffe *(Table d'Autrefois | 5, rue des Lingots | Mi geschl.)*, damit sie ihnen ihre Messer wetzt oder repariert. Enorme Auswahl von Messern, von Tafelsilber bis Designerbesteck. Rund ums Hafenbecken versammeln sich zahlreiche ▶▶ Galerien.

ÜBERNACHTEN

HOTEL DES LOGES

Charmantes Haus mitten in der Altstadt. Mit viel Geschmack eingerichtet. *14 Zi. | 18, rue Brûlée | Tel. 02 31 89 38 26 | Fax 02 31 89 42 79 | www.hoteldesloges.com* | €€–€€€

HOTEL DE LA TOUR

Gut ausgestattetes, freundliches Hotel in Hafennähe. *44 Zi. | 3, quai de la Tour | Tel. 02 31 89 21 22 | Fax 02 31 89 53 51 | www.hoteldelatourhonfleur.com* | €€

AUSKUNFT

Quai Lepaulmier | Tel. 02 31 89 23 30 | Fax 02 31 89 31 82 | www.ot-honfleur.fr

PAYS D'AUGE

[125 F3–4, 126 A4–6] Blitzsaubere Fachwerkdörfer mit Puppenstubencharme, üp-

pig grüne Hügel, von Obstbäumen überzogen, prachtvolle Herrenhäuser aller Stilarten in verwunschenen Bachtälern, reetgedeckte Bauernkaten: Das ist das Pays d'Auge. Obwohl die Region zwischen Côte Fleurie und dem Norden der Departements Eure und Orne nur einen kleinen Teil der Normandie ausmacht, steht sie für viele geradezu als Inbegriff derselben. Auf jeden Fall gehört sie ins Besuchsprogramm einer Normandiereise.

Unter Denkmalschutz: das Fachwerkensemble normannischen Stils in Beuvron-en-Auge

ZIELE IM PAYS D'AUGE

BEAUMONT-EN-AUGE [125 F3]

Der Name als Programm: In schönster Panoramalage thront das Dorf auf einem Hügel des Pays d'Auge. Die regionale Fachwerk- und Klinkerarchitektur des 400-Seelen-Orts wirkt wie eine lebende Filmkulisse. Vom Aussichtspunkt schweift der Blick bis zur Küste bei Deauville. In den hübschen Gassen verraten etliche Restaurants und Cafés, dass hier zeitweise reger Besucherandrang herrscht. Von einem Außentisch der Bar *Café des Arts* im Zentrum behält man aber jederzeit den Überblick. In der Ortsmitte bietet die letzte Kaleidoskopmanufaktur Europas ihre kleinen Kunstwerke zum Kauf an.

BEUVRON-EN-AUGE [125 F3] Insider Tipp

An der Cidrestraße im Herzen des Pays d'Auge liegt das denkmalgeschützte historische Dörfchen. Um den Marktplatz eine Ansammlung typisch normannischer Fachwerkhäuser.

CAMBREMER [125 F3]

Der schöne Ort (4000 Ew.) versammelt rund um die Kirche mit ihrem romanischen Turm nahezu alles, was das Pays d'Auge so liebenswert macht: das typische Architekturgemisch aus Fachwerk und Ziegel, die Lage inmitten des grünen Hügellandes sowie Cidre- und Calvadoshersteller, die sich bei ihrer Arbeit über die Schulter schauen lassen. Einer von ihnen ist Monsieur Grandval mit seinen vielfach preisgekrönten Produkten im pittoresken *Manoir de Grandouet* (*www.manoir-de-grandouet.fr*) ca. 2 km außerhalb. Dazu kommt mit den *Jardins du Pays d'Auge (Mai–Sept. tgl. 10–18.30, Okt.–Mitte Nov. Mo–Sa 10–17 Uhr)* eine nahezu paradiesische Garten- und Parkanlage, die wohlgepflegte Natur mit lokaler Baukunst mischt. Auskunft: *rue Pasteur | Tel. 02 31 63 08 87 | Fax 02 31 63 08 21 | www.cambremer.fr*

Insider Tipp

> LOW BUDGET

- > Eine liebevoll in Szene gesetzte Sammlung von Gegenständen aus nahezu allen Bereichen normannischen Lebens in der Vergangenheit zeigt das *Musée de Normandie (Mi–Mo 9.30–18 Uhr)* im Château Ducal in Caen. Sehenswert und lehrreich zugleich – und gratis. Nur wer die Sonderausstellungen sehen möchte, zahlt 3 Euro.
- > Im attraktiven Badeort Villers-sur-Mer gibts im Office de Tourisme den *Pass Tourisme* für 10 Euro, der bei verschiedenen Aktivitäten vom Minigolf bis zum Fahrradverleih Preisermäßigungen von insgesamt rund 40 Euro gewährt.

CRÈVECŒUR-EN-AUGE [125 F3]

Das reizvolle Dorf ist bekannt für seine Schlossanlage, ein aus mehreren Fachwerkgebäuden bestehendes Herrenhaus (11.–16. Jh.) innerhalb eines Wassergrabens. Nahe dabei die Burg mit Bergfried. Das Ensemble gehört zur Schlumberger-Stiftung (Förderung von wissenschaftlichen Projekten), die neben mittelalterlicher Geschichte und normannischer Architektur Thema des *Museums* ist. *Ostern–Sept. Mo–Sa 11–18, Juli/Aug. 11–19, So 14.30–16.30, Okt. So 14–18 Uhr | 5 Euro | www.chateau-de-crevecoeur.com*

LISIEUX [126 A5]

Die Bischofsstadt Lisieux (24 000 Ew.), die als viel besuchter Wallfahrtsort berühmt wurde und gemessen an ihrer Größe kulturell sehr aktiv ist, ist eindrucksvoller Mittelpunkt des Pays d'Auge. Die Kathedrale *Saint-Pierre* aus dem 12. Jh. zeigt mit dem romanisch-gotischen Turmpaar die unterschiedlichen Stilepochen ihres Entstehens. Neben der Kathedrale lohnt der ehemalige Bischofspalast aus dem 17. Jh. mit prachtvollem Innenhof einen Blick. Alte Fachwerkhäuser säumen die Altstadtgassen, in deren Zentrum im Juli und August mittwochs ab 15 Uhr der Kunsthandwerksmarkt *Les Mercredis de l'Été* stattfindet.

Insider Tipp

Auf einer Anhöhe im Südosten erhebt sich die Wallfahrtskirche *Sainte-Thérèse (tgl. 8.30–20, im Winter bis 18.30 Uhr | Eintritt frei | Führungen 9.30–12 und 14–18 Uhr | 2,50 Euro)*,

Schloss Saint-Germain-de-Livet: Ans Haupthaus ist ein Fachwerkhaus angebaut

1929–1954 im romanisch-byzantinischen Stil errichtet und mit einer 90 m hohen Kuppel versehen. Im Sommer wird hier das abendliche Ton-Licht-Schauspiel *Son et Lumière* veranstaltet.

Das kleine Hotel *Azur (15, rue au Char | Tel. 02 31 62 09 14 | Fax 02 31 62 16 06 | www.azur-hotel.com | €–€€)* bietet 15 gemütliche Zimmer. Eine Alternative finden Sie im *Terrasse Hôtel (17 Zi. | 25, avenue Sainte-Thérèse | Tel. 02 31 62 17 65 | Fax 02 31 62 20 25 | €)*. Auskunft: *11, rue d'Alençon | Tel. 02 31 48 18 10 | Fax 02 31 48 18 11 | www.lisieux-tourisme.com*

MÉZIDON-CANON **[125 F4]**

Am Beginn des Pays d'Auge, längs des grünen Tals der Dives, liegt das stille Städtchen, das seine geschichtliche Bedeutung dem schönen *Château Canon* aus dem 18. Jh. verdankt. Im italienischen Stil erbaut, ist es von Gärten im englischen Stil und Alleen umgeben. *Juli–Sept. Mi–Mo, Ostern bis Juni Sa/So 14–19 Uhr | 5 Euro*

SAINT-GERMAIN-DE-LIVET **[126 A5]**

Im Tal der Touques liegt dieses schöne Renaissanceschloss. An das Haupthaus aus dem 14. Jh. ist ein normannisches Fachwerkhaus aus dem 16. Jh. angebaut. Die Fassade des Torhauses und die zwei schlanken *tourelles* (kleine Türme), die es flankieren, sind im Schachbrettmuster ausgestaltet. Im Innenhof Arkaden im italienischen Stil. Im Fachwerkhaus können Sie Reste von Fresken besichtigen. *Feb.–Sept. und Mitte Okt.–Nov. Mi–Mo 11–18 Uhr, 6,35 Euro*

SAINT-PIERRE-SUR-DIVES **[125 F4]**

Im Mittelpunkt des liebenswerten Ortes (4000 Ew.) steht die aus normannischem Holz gebaute Markthalle (11./12. Jh.). Nach seiner Zerstörung 1944 wurde das Gebäude originalgetreu wieder aufgebaut. Hier findet jeden Montag der bunte Wochenmarkt statt. Zu den besonders schönen gotischen Bauwerken der Normandie gehört die Kirche der Benediktinerabtei aus dem 11. Jh.

> SEINETAL UND ALABASTERKÜSTE

Eine weite Landschaft, durch die Seine geteilt, verbindet spannungsvoll das stille Hinterland mit einer einzigartigen Küste

> Wie ein urzeitlicher Bildhauer hat sich die Natur des mächtigen Kalkplateaus zwischen Paris und dem Ärmelkanal angenommen. Hat Landschaften hineingemeißelt, die ihresgleichen suchen: das Seinetal und die Côte d'Albâtre, die Alabasterküste.

In mächtigen Mäandern strebt die Seine ihrer Mündung zu und braucht so für die gut 100 km Luftlinie zwischen Vernon und Le Havre fast das Doppelte – vielleicht, um so mehr Platz zu schaffen für all die Sehenswürdigkeiten an ihren Ufern, für Burgen, Schlösser, Abteien, Kathedralen …

Steilufer wechseln sich ab mit weiten Auen, garniert mit hübschen Fachwerkdörfern. Wenige, dafür aber eindrucksvolle Brücken erlauben den Übergang – als ob nicht jede Seite allein schon die Reise wert wäre. Der Höhepunkt folgt an der Küste: Wie eine schneeweiße Mauer trotzt die

Bild: Falaise d'Aval in Étretat

SEINE-MARITIME & EURE

Alabasterküste auf 120 km den Angriffen des Meers. Auf Dauer jedoch vergebens, denn alljährlich hobeln Wind und Wellen einige Zentimeter der bis zu 130 m hohen Kalkformationen ab – und formen dabei gigantische Skulpturen, von denen die Falaise d'Aval bei Étretat zum Symbol für die Region geworden ist. Und wo die Flüsse des weiten Hinterlands, des Pays de Caux, sich ihren Weg ins Meer gebahnt haben, sind Fischerorte wie Dieppe, Le Tréport oder Fécamp entstanden, die als Inbegriff für „Sommerfrische" stehen. Weniger als zwei Autostunden von der Hauptstadt entfernt, sind sie fast so etwas wie der Strand von Paris.

DIEPPE

[126 C2] ★ **An der Mündung der Arques, eingebettet zwischen steilen Kreidefelsen, liegt das älteste französische Seebad**

und zugleich eine der aktivsten Hafenstädte der Normandie (36 000 Ew.). Dieppe war Jahrhunderte hindurch ein wichtiger, oftmals umkämpfter Hafen – zuletzt 1942, als ein erster Landungsversuch der Alliierten scheiterte.

Auch kulinarisch hat Dieppe einiges zu bieten: Restaurant am Hafen

Heute legen hier große Passagierdampfer und Fährschiffe aus England an. Hotels aller Kategorien finden sich entlang der Strandpromenade, der bei Niedrigwasser bis zu 2 km breite Strand liegt etwas außerhalb der Stadt.

SEHENSWERTES

CHÂTEAU

Auf einem Fels im westlichen Teil der Stadt liegt die mächtige Festung aus dem 15. Jh., die zum Schutz der Stadt gegen die Engländer gebaut wurde. Ältestes Bauwerk ist der runde Turm aus dem 14. Jh., um den sich die Anlage entwickelte. Der viereckige Turm entstand erst im 17. Jh.

MUSÉE DU CHÂTEAU

In der hoch über der Stadt gelegenen Burg ist das sehenswert ausgestaltete städtische Museum eingerichtet, das eine kostbare Sammlung von Elfenbeinschnitzereien enthält. Auch ein paar Gemälde von Auguste Renoir und Raoul Dufy sowie Georges Braque können Sie hier sehen. *Rue de Chastes | Juni–Sept. tgl. 10–12 und 14–18, Okt.–Mai Mi–So 10–12 und 14–17 Uhr | 3 Euro*

PLACE DU PUITS SALÉ

Der kleine Platz mit seinem Brunnen ist der Mittelpunkt der Stadt, beherrscht durch das schöne normannische Giebelhaus mit dem *Café des Tribunaux* aus dem 17. Jh. Unweit die Kirche *Saint-Rémy* aus dem 16./17. Jh. mit sehenswerten Holztäfelungen im Inneren.

LE POLLET

Altes Fischerviertel rechts der Arques mit verwinkelten Gassen und engen Treppen. In der kleinen Kirche *Notre-Dame-de-Grèves* finden Sie zwei sehr schöne Wandgemälde.

SAINT-JACQUES

Durch die Rue Saint-Jacques ist es nicht weit zu der prachtvollen gotischen Kirche Saint-Jacques (13. bis 16. Jh.) mit dem 41 m hohen, quadratischen Turm und der schönen Rosette über dem Portal. Interessant sind die gut nachvollziehbaren Etappen der Baugeschichte und die von reichen Reedern für ihr Himmelswohl finanzierten Kapellen.

ESSEN & TRINKEN

LES ÉCAMIAS

Gutbürgerliche Küche zu zivilen Preisen. Die ruhige Lage verspricht einen möglicherweise freien Tisch sogar während der Hochsaison. *In der Saison tgl. | 129, quai Henri IV | Tel. 02 35 84 67 67 |* €–€€

LA MARMITE DIEPPOISE

Gepflegtes Restaurant mit ausgezeichneten Fisch- und Krustentiergerichten. Legendär: der Fischeintopf, der dem Restaurant seinen Namen gab. *So-Abend und Mo, im Winter auch Di-Abend geschl. | 8, rue Saint-Jean | Tel. 02 35 84 24 26 |* €€–€€€

EINKAUFEN

Natürlich stehen alle Meeresprodukte im Vordergrund des Angebots. Jeden Samstag findet ein bunter Wochenmarkt statt.

MARCO POLO HIGHLIGHTS

★ Dieppe
Traditionsreiche Seefahrerstadt (Seite 71)

★ Château de Beaumesnil
Ein sehenswertes Meisterbauwerk im Stil Louis' XIII (Seite 81)

★ Le Havre
Betonästhetik als Weltkulturerbe (Seite 84)

★ Giverny
Das herrliche Refugium des Impressionisten Monet (Seite 81)

★ Les Andelys
Imposante Ruinen der mächtigen Zitadelle (Seite 79)

★ Étretat
Faszinierende Felsformationen ragen aus dem Meer empor (Seite 88)

★ Rouen
Französische Gotik in der „Stadt der 100 Kirchtürme" (Seite 90)

★ Jumièges
Die schönste Ruine, die das Land kennt (Seite 94)

ÜBERNACHTEN

AGUADO

Angenehmes Dreisternehotel direkt am Strand. Gut ausgestattete Zimmer. *56 Zi. | 30, boulevard de Verdun | Tel. 02 35 84 27 00 | Fax 02 35 06 17 61 | www.hoteldieppe.com* | €–€€

LA PRÉSIDENCE

Modernes, gepflegtes Haus, ebenfalls direkt am Strand. Thalassotherapie und Restaurant *Le Panoramic* im obersten Stock mit Küstenblick und feiner normannischer Küche. *89 Zi. | 1, boulevard de Verdun | Tel. 02 35 84 31 31 | Fax 02 35 84 86 70 | www.hotel-la-presidence.com* | €€

AUSKUNFT

Pont Jehan Ango | quai du Carénage | Tel. 02 32 14 40 60 | Fax 02 32 14 40 61 | www.dieppetourisme.com

ZIELE IN DER UMGEBUNG

EU [127 D1]

Die Stadt (8400 Ew.) gut 30 km nordöstlich von Dieppe an der normannischen Klippenküste ist die älteste Gemeinde der Region (seit 1151). Am Aussichtspunkt auf dem Plateau über der Stadt steht die ehemalige Stiftskirche *Notre-Dame-et-Saint-Laurent* aus dem 12. Jh., ein eindrucksvolles Beispiel normannischer Frühgotik. Mittelpunkt der Stadt ist das von einem klassischen

> KÄSE AUS DER NORMANDIE

Kleine normannische Käsekunde

> **Camembert** – Als seine Schöpferin gilt die Bäuerin Marie Hamel, die das Rezept wohl 1791 im Dorf Camembert entwickelte. Erst rund 100 Jahre später entstand die für den Camembert typische Spanholzverpackung.

> **Livarot** – Seine Wurzeln reichen ins Spätmittelalter – als Bauernkäse ähnlich dem Camembert. Später nahm er den Namen des Orts Livarot an. Seinen Beinamen „Colonel" verdankt der runde Käse mit seiner orangeroten, gewaschenen Rinde den Schilfbändern, in die er eingerollt wird (wodurch er dem Käppi eines Colonels ähnlich sieht).

> **Neufchâtel** – Der vielleicht älteste französische Käse wurde schon 1035 erwähnt. Seinen Namen bezieht er vom Ort Neufchâtel-en-Bray, in dessen Umgebung seine Produktion erfolgt. Es gibt ihn in verschiedenen Formen. Am häufigsten ist die Herzform, die man ihm als Dank an die alliierten Befreier der Normandie nach dem Zweiten Weltkrieg gab. Sein Geschmack ist würziger als der des Camemberts.

> **Pont l'Évêque** – Ebenfalls benannt nach seinem Produktionsort, gibt es ihn schon seit rund 700 Jahren. Auch er ist, wie die drei vorher genannten, ein Weichkäse aus Kuhmilch mit A.O.C.-Status (geschützte Herkunft). Ein organischer Farbstoff aus Australien verhilft ihm zu seiner orangefarbenen Rinde. Das Aroma ist leicht salzig mit einer fruchtigen Note bis hin zu Haselnussnuancen.

französischen Garten umrahmte Renaissanceschloss *Château d'Eu* aus dem 16. Jh. Sehenswert ist auch die im Stil Louis' XIII errichtete Kapelle des einstigen Jesuitenkollegs. *Le Pavillon de Joinville* ist ein sehr gepflegtes Châteauhotel *(25 Zi. | route du Tréport | Tel. 02 35 50 52 52 | Fax 02 35 50 27 37 | www.domainejoinville.com | €€–€€€)*.

LE TRÉPORT [127 D1]

30 km nordöstlich von Dieppe liegt romantisch zu Füßen der hohen Felsenklippen und in reizvoller Umgebung die beliebte Hafenstadt (6300 Ew.). Zusammen mit dem benachbarten Badeort *Mers-les-Bains* bietet sie alle Urlaubsfreuden, dazu ein gesundes, jodhaltiges Klima. Hochseeangeln und Yachtfahrten sind ebenso möglich wie Baden im Meer und in der Halle. Es lohnt sich, die Kirche *Saint-Jacques* aus dem 16. Jh., die auf einer Anhöhe über der Stadt thront und ein eindrucksvolles Renaissanceportal aufweist, anzuschauen. Wenige Kilometer entfernt liegt der noch etwas höhere Kalvarienberg, dessen Aussichtspunkt *Calvaire des Terrasses* einen schönen Rundblick bietet. Seit Kurzem kann man die Hochplateaus über der Stadt auch wieder mit der restaurierten historischen Zahnradbahn erreichen.

Übernachten und essen können Sie 3 km südwestlich in Mesnil-Val in der *Hostellerie de la Vieille Ferme (in der Saison tgl., sonst So-Abend und Mo geschl. | 33 Zi. | 23, rue de la Mer | Tel. 02 35 86 72 18 | Fax 02 35 86 12 67 | €–€€)*, einem alten Bauernhof mit entsprechendem ländlichem Ambiente.

VARENGEVILLE-SUR-MER ▶▶ [126 C2]

In diesem hoch an der Steilküste angesiedelten und von Hecken eingefassten Künstlerdorf rund 10 km im

Georges Braque gestaltete dieses Kirchenfenster in Varengeville-sur-Mer

Westen sind der im 16. Jh. im Stil einer italienischen Villa gestaltete *Manoir d'Ango (Mai–Nov. tgl. 10–12.30 und 14–18.30 Uhr | 5 Euro)* und die Kirche mit einem Glasfenster von

Georges Braque sehenswert. Sein Grab ist auf dem Dorffriedhof zu sehen. Ein Besuch lohnt sich wegen des herrlichen Blicks über Küste und Klippen. Exotische Blütenpracht erwartet Sie im Insider Tipp *Blumenpark von Moutiers (Mitte März–Mitte Okt. tgl. 10 bis 12 und 14–18 Uhr, Hochsaison durchgehend | 6 bzw. 7 Euro je nach Saison)* auf den Felsen von Varengeville-sur-Mer.

Eine ehemalige Ferienvilla im Park, die zum Restaurant umgewandelt wurde, ist *La Buissonnière (in der Saison tgl. | westlich Richtung Leuchtturm Phare d'Ally | Tel. 02 35 83 17 13 | €€–€€€)*. Es gibt natürlich täglich frischen Fisch, überbackenen Neufchâtelkäse und eine gut sortierte Weinkarte. Da das Lokal nur 25 Plätze hat, ist eine Reservierung unbedingt erforderlich.

VEULES-LES-ROSES [126 C2]

Die Kämpfe während der alliierten Landung 1944 rasierten die auf vielen impressionistischen Gemälden dargestellte Uferpromenade mit ihren Strandvillen. Was an historischer Bausubstanz im Ort gut 25 km westlich von Dieppe links und rechts des mit 1 km Länge kürzesten Flusses Frankreichs erhalten geblieben ist, lohnt allerdings immer noch den Weg. Wen das malerische Ambiente im Einschnitt zwischen den schneeweißen Kalkfelsen zum Bleiben verführt, der findet in der zum Hotel umgebauten ehemaligen Poststation *Relais Douce France (13, rue Docteur Girard | Tel. 02 35 57 85 30 | Fax 02 35 57 85 31 | www.doucefrance.fr | €€–€€€)* direkt am Flussufer eine äußerst stilvolle Bleibe in 26 Miniappartements oder Familiensuiten.

ÉVREUX

[126 C5–6] Die sympathische Hauptstadt (58 000 Ew.) des Departements Eure liegt in der wunderbaren Landschaft des Pays d'Ouche. Wie bereits während der Französischen Revolution musste die Stadt auch im Zweiten Weltkrieg schwere Zerstörungen hinnehmen. In Verbindung mit dem gelungenen Wiederaufbau entwickelte sich Évreux zu einem bedeutenden Industrie- und Handelsplatz. So liegt die Stadt mit ihren zahlreichen historischen Sehenswürdigkeiten nunmehr inmitten eines florierenden Wirtschaftszentrums.

SEHENSWERTES

COUVENT DES CAPUCINS

Neben dem Jardin Public stehen die architektonisch harmonisch gestalteten Gebäude des ehemaligen Kapuzinerklosters aus dem 17. Jh. Besonders schön ist der Kreuzgang.

MUSÉE MUNICIPAL

Schwerpunkt des Städtischen Museums im Bischofspalast sind archäologische Sammlungen. Im Mittelpunkt steht ein 60 m langes Originalstück der Stadtmauer von Évreux. *Di–So 10–12 und 14–18 Uhr | 4 Euro*

NOTRE-DAME

Der eindrucksvolle Sakralbau erhielt seine heutige Form im 12.–17. Jh. Sehenswert sind im Inneren die großartigen bunten Kirchenfenster aus dem 16. Jh. und die feinen Renaissanceschranken an den Chorkapellen. Durch die Kathedrale mit einem Kreuzgang verbunden ist der *Palais Épiscopal.* Heute ist in dem ehemaligen prächtigen Bischofspalast das Städtische Museum untergebracht. *Tgl. außer zur Messe 8–12 und 14 bis 19 Uhr*

TOUR DE L'HORLOGE

Gegenüber dem Rathaus steht das Wahrzeichen der Stadt, der schlank aufragende *beffroi* aus dem 15. Jh. In dem 44 m hohen Turm hängt eine stattliche 2000 kg schwere Sturmglocke, deren mächtiges Läuten den

Froschperspektive: Blick auf die Kuppel des Vierungsturms der Kathedrale Notre-Dame

Bürgern drohende Gefahren aller Art ankündigte.

SAINT-TAURIN

Die Promenade des Remparts entlang des Flüsschens Iton führt zu dieser früheren Abteikirche aus dem 10.–15. Jh., die über dem Grab von Saint-Taurin, dem ersten Bischof der Stadt, errichtet wurde. Der berühmte Reliquienschrein ist ein Meisterwerk der Goldschmiedekunst aus dem 12. Jh. *Tgl. 8–12 und 14–19 Uhr (außer zur Messe)*

ESSEN & TRINKEN

LA CROIX D'OR

Nicht nur für Freunde von Meeresfrüchten oder Fischsuppe eine gute Adresse. Und bei 250 Gedecken in mehreren Sälen findet sich auch in der Hochsaison meist noch ein Platz. Weiteres Plus: Trotz seines Bekanntheitsgrades sind die Preise moderat. *Tgl. | 3, rue Josephine | Tel. 02 32 33 06 07* | €€

LE 17
Modernes Restaurant mit ebensolcher, sprich leichter Küche mit Frischem vom Markt. *Mo/Di geschl. | 17, rue Saint-Thomas | Tel. 02 33 33 07 01* | €€

ÜBERNACHTEN

MINOTEL DE L'ORME
39 gemütliche Zimmer der Dreisterneklasse in ruhiger Lage mitten im Zentrum. Überzeugendes Preis-Leistungs-Verhältnis, WLAN in allen Zimmern. *13, rue des Lombards | Tel. 02 32 39 34 12 | www.hotel-delorme.fr* | €

NORMANDY
Hotel mit sympathischer Atmosphäre in einem schönen normannischen Fachwerkhaus. *25 Zi. | 37, rue Édouard Feray | Tel. 02 32 33 14 40 | Fax 02 32 31 24 74 | www.normandyhotel.eu* | €–€€

AM ABEND

Besonders am Wochenende belebt sind die Diskotheken *New World (15, boulevard de Normandie)* und *Winston's (33, avenue Winston Churchill)* sowie das Cabaretrestaurant *Cristal Palace (Menü ab 40 Euro | rue*

> BÜCHER & FILME

Ein paar Lektüre- und Filmtipps für die Normandie

> **Madame Bovary** – Ein Klassiker der französischen Literatur ist dieser weltberühmte Roman des in Rouen geborenen Schriftstellers Gustave Flaubert.

> **Auf der Suche nach der verlorenen Zeit** – Dieser Schlüsselroman des 20. Jhs. von Marcel Proust spielt größtenteils in der Normandie.

> **Guy de Maupassant** – Der auf Schloss Miromesnil geborene Schriftsteller ließ sich in vielen seiner Werke von der Normandie inspirieren.

> **Ein Garten in der Normandie** – Einen herzerwärmenden Roman über das kleine Glück des ländlichen Alltags schrieb der normannische Gegenwartsautor Philippe Delerm.

> **Paul dans sa Vie** – Der Dokumentarfilm des Fernsehreporters Rémi Mauger über einen Bauern am Cap de la Hague mit überwältigenden Landschaftsaufnahmen besitzt inzwischen Kultstatus in der Normandie (immer mal wieder in normannischen Kinos und als DVD in den einschlägigen Geschäften).

> **Der Soldat James Ryan** – Steven Spielbergs Antikriegsfilm wurde zum Teil an den Originalschauplätzen gedreht. Er schildert in beeindruckender Weise die kaum vorstellbare Heftigkeit der Kämpfe während und nach der alliierten Landung 1944.

> **Ein Mann und eine Frau** – Als cineastisches Meisterwerk gilt der Film, der Claude Lelouch 1966 als Regisseur zum Durchbruch verhalf und der im Rahmen einer der schönsten Liebesaffären der Filmgeschichte auch eine Ode an Lelouchs Fetischort Deauville darstellt.

Früher eine einflussreiche Abtei: Abbaye Le Bec Hellouin im grünen Tal der Risle

Chartrennes | Reservierung Tel. 02 32 33 21 26).

AUSKUNFT

3, place du Général-de-Gaulle | Tel. 02 32 24 04 43 | Fax 02 32 31 28 45 | www.ot-pays-evreux.fr

ZIELE IN DER UMGEBUNG

LES ANDELYS ★ [127 D5]

Auf einem Kalkfelsen hoch über einem malerischen Seinebogen und der beschaulichen Stadt (8500 Ew.) thronen knapp 40 km nordöstlich von Évreux die gewaltigen Ruinen der stolzen Zitadelle *Château Gaillard.* 1196 unter Richard Löwenherz innerhalb von nur zwei Jahren erbaut, war die Burg ein wichtiges Bollwerk der normannischen Verteidigung gegen Frankreich. Die Reste – vor allem der von einem Graben und einer Verteidigungsmauer umgebene *Donjon* – sind ebenso fotogen wie der großartige Rundblick über das Tal der Seine. *Mitte März–Mitte Nov. Mi–Mo 10–13 und 14–18 Uhr | 3 Euro*

ANET [127 D6]

Am südöstlichen Eingang der Normandie 35 km südöstlich liegt das Städtchen an der Eure mit dem *Château d'Anet* (16. Jh.) der Diane de Poitiers, Herzogin von Valentinois und Favoritin des Königs Henri II. Die gut erhaltenen Reste zeigen ein prunkvolles Renaissanceschloss mit einem großen Park, den ein 3 km langer Seitenkanal der Eure durchfließt. *Im Sommer Mi–Mo 14–18.30 Uhr, im Winter auf Anfrage (Tel. 02 37 41 90 07) | 6,80 Euro*

LE BEC HELLOUIN [126 B5]

Als ein wichtiges Zentrum des Geisteslebens erlangte die gut 40 km nordwestlich landschaftlich herrlich gelegene Abtei aus dem 11. Jh. anhaltende Geltung. Die Gebäude wurden im 19. Jh. zerstört. Das neben den Resten der alten Klosterkirche errichtete neue Gotteshaus, der Kreuzgang und die einzeln stehende *Tour Saint-Nicolas* aus dem 14. Jh. geben dem Monument nationale Bedeutung. *Mi–Mo 7–19 Uhr (außer zur Messe) | Eintritt frei | www.abbayedubec.com*

BERNAY **[126 B5]**

Inmitten der knapp 50 km westlich von Évreux gelegenen Stadt (10 500 Ew.) finden Sie eines der ältesten normannischen Sakralbauwerke, die *Église Abbatiale* aus dem 11. Jh. Die romanische Kirche besitzt schöne Fassaden und ausgewogene Arkaden. In ihr untergebracht ist das *Musée Municipal (Hochsaison Mo und Mi bis Sa 10–12 und 14–19, So 15 bis 17.30 Uhr, sonst nur nachmittags | 3,20 Euro)*, das Fayencen aus Rouen sowie Gemälde des 17. und 18. Jhs. zeigt.

Das Restaurant *Hostellerie du Moulin Fouret (in der Saison tgl. | auch 8 Zi. | Saint-Aubin-le-Vertueux, Tel. 02 32 43 19 95 | www.moulin-fouret.com | €€€)*, eine ehemalige Wassermühle mit viel Charme, bietet feine Küche; eine der Spezialitäten ist Täubchen nach Großmutterart.

Pilgerort für Freunde des großen Malers: Monet-Haus in Giverny

BRIONNE **[126 B5]**

Die alte Stadt (4400 Ew.) 40 km nordwestlich im grünen Tal der Risle wurde während der Normannenzeit als gewaltige Festung ausgebaut. ✱ Erhalten ist nur der Bergfried *(donjon)*, von dessen Fuß sich ein schöner Rundblick öffnet. Übernachten können Sie gut in der im normannischen Fachwerkstil errichteten *Au-*

berge de l'Abbaye (8 Zi., 1 Suite | Tel. 02 32 44 86 02 | Fax 02 32 46 32 23 | www.auberge-abbaye-bec-hellouin.com | €).

CHÂTEAU DE BEAUMESNIL ★ [126 B5–6]

Etwa 40 km westlich von Évreux steht in einer prächtigen Gartenanlage und umgeben von einem Wassergraben das elegante Barockschloss aus dem 17. Jh., genannt „das normannische Versailles". Im Louis-XIII-Stil erbaut, ist besonders der mit schönen Skulpturen verzierte Zentralteil sehenswert. *Ostern–Juni Fr bis Mo 14–18, Juli/Aug. tgl. 11–18, Sept. Mi–Mo 14–18 Uhr | 7 Euro, nur Park 3 Euro | www.chateaubeaumesnil.com*

CONCHES-EN-OUCHE [126 C6]

Auf einer Anhöhe über dem Flüsschen Rouloir thront knapp 20 km südwestlich von Évreux dieser kleine, charmante Ort (4000 Ew.) mit den Resten einer in früheren Zeiten mächtigen Festungsanlage aus dem 11./12. Jh. In der Nähe steht die aus dem 16. Jh. stammende Kirche *Sainte-Foy (tgl. 8–18.30 Uhr);* achten Sie auf die 21 herrlichen Glasfenster!

GISORS [127 E4]

Die strategische Bedeutung der rund 60 km nordöstlich gelegenen Stadt (11 000 Ew.) wird durch die große, gut erhaltene *Burganlage (Mi–Mo 8 bis 19, im Winter bis 17 Uhr | Eintritt frei, Burgbesichtigung nur mit Führung 5 Euro)* aus dem 11. Jh. erkennbar. Der Aussichtspunkt am Fuß der beiden Bergfriede gewährt einen schönen Rundblick über Stadt und Land. Sehenswert ist auch die Kirche *Saint-Gervais-et-Saint-Protais (tgl. 8.30–18 Uhr)* aus dem 13.–16. Jh. mit ihrem dreischiffigen Chor und dem prächtigen Renaissanceportal. Auskunft: *4, rue du Général de Gaulle | Tel. 02 32 27 60 63 | www.tourisme-gisors.fr*

GIVERNY ★ [127 D5]

An der Einmündung des Flusses Epte in die Seine steht im dörflichen Giverny 35 km östlich von Évreux eine der großen Attraktionen der Normandie: das einstige Wohnhaus des bedeutenden Impressionisten Claude Monet. In dem nach den Intentionen des Meisters gestalteten Garten um die kleine japanische Brücke und den Seerosenteich finden Sie eine Blumenszenerie und Blütenfülle ohnegleichen *(April–Okt. Di–So 9.30–18 Uhr | 5,50 Euro | www.fondation-monet.com).*

Einen Besuch lohnt auch das 1992 von dem Chicagoer Kunstmäzen Daniel J. Terra gegründete *Musée d'Art Américain (April–Okt. Di–So 10–18 Uhr | 99, rue Claude Monet | 5,50 Euro | www.maag.org),* in dem Werke der amerikanischen Impressionisten, die sich in Giverny um Monet scharten, ausgestellt sind. Das lichtdurchflutete, moderne Gebäude lädt mit *salon de thé* und Restaurantterrasse, einer Kunstbuchhandlung und Veranstaltungen zum Verweilen ein.

Ein Caférestaurant mit besonderem Flair: Im früheren *Hôtel Baudy (So-Abend und Mo geschl. | 81, rue Claude Monet | Tel./Fax 02 32 21 10 03 | €)* wohnten, speisten, feierten und malten die Monet-

Anhänger aus aller Welt. Das alte Dekor der einstigen Kolonie blieb erhalten. Einfache, schmackhafte Küche, Sommerterrasse im Schatten von Linden; gönnen Sie sich eine Mittagspause im betörend duftenden alten Rosengarten.

Insider Tipp

In Giverny selbst gibt es nur ein einziges Hotel, verbunden mit einer Restaurantcrêperie *(Mo geschl.): La Musardière (10 Zi. | rue Claude Monet | Tel. 02 32 21 03 18 | Fax 02 32 21 60 00 | €–€€)*. 2 km nordwestlich im Grünen liegt das Landhaus *La Réserve (5 Zi. | Tel./Fax 02 32 21 99 09 | €€€)*, ein schöner Ausgangspunkt für Spaziergänge in die Umgebung. Fahrrad und Malutensilien sind im Preis inbegriffen. Auskunft nur in Vernon oder im Internet: *www.cape-tourisme.fr*

HARCOURT [126 C5]

Das *Château d'Harcourt* aus dem 12. Jh. liegt 32 km nordwestlich in einem schönen, mit zahlreichen exotischen Baumarten durchsetzten Park. Das mittelalterliche Bauwerk ist von einem 15 m tiefen Graben und der Festungsmauer mit trutzigen Wehrtürmen umgeben. Der große Staatsforst rundherum ist ein Dorado für Wanderer und Naturfreunde. *Im Sommer tgl. 10.30–18.30, sonst Mi bis Mo 14–18 Uhr, Mitte Nov.–Feb. geschl. | 4 Euro*

LOUVIERS [126 C5]

Kurz vor der Einmündung der Eure in die Seine liegt knapp 30 km nördlich von Évreux die als Standort der Textilindustrie bekannte Kleinstadt (19 000 Ew.). Ihre Kirche *Notre-Dame* aus dem 13. Jh. hat als Beispiel für die gotische Flamboyantarchitektur Geltung erlangt. Einzigartig in ganz Europa ist auch der mit einer Brückenkonstruktion ins Wasser gebaute Kreuzgang im *Couvent des Pénitents,* dem Kloster der Büßer. Das *Musée Municipal (Mi bis Mo 10–12 und 14–18 Uhr | Eintritt frei)* lohnt wegen einer Sammlung schöner Fayencen den Besuch. Für Cineasten und Theaterfans: Im selben Gebäude widmet sich das *Musée Fondation Wakhévitch (geöffnet wie Musée Municipal | Eintritt frei)* den Arbeiten des Bühnenbildners und Filmausstatters (z. B. der Filmklassiker „Kinder des Olymp" von Marcel Carné).

Auskunft: *10, rue du Maréchal Foch | Tel. 02 32 40 04 41 | Fax 02 32 61 28 85 | www.tourisme-seine-eure.com*

> WOHNMOBILE

In der Normandie sind sie in vielen Orten willkommen

Anders als andere Regionen empfängt die Normandie Wohnmobilbesitzer mit offenen Armen und reserviert ihnen überaus reizvoll gelegene Stellplätze: z. B. hoch über dem Meer auf den Klippen von Le Tréport, auf der Hafenmole in Port-en-Bessin, auf dem Parkplatz vor dem Aquarium in Granville mit Blick auf Hafen und Bucht. Für manche dieser Plätze braucht man einen Parkschein, dessen Preis jedoch angemessen ist.

SEINE-MARITIME & EURE

Gassen mit Fachwerkhäusern und Kanalarme der Risle durchziehen Pont-Audemer

LYONS-LA-FORÊT [127 D4]

Fachwerkhäuser aus dem 17. und 18. Jh. bestimmen das Bild der Ortschaft (1000 Ew.), die das Prädikat „eines der schönsten Dörfer Frankreichs" trägt und in die der Komponist Maurice Ravel sich oft zurückzog; hier entstand die Orchestrierung des Konzerts „Bilder einer Ausstellung" von Modest Mussorgsky. Mittelpunkt ist die offene Markthalle aus dem 15. Jh., in der auch handwerkliche und künstlerische Veranstaltungen stattfinden. Zusätzliche Geltung erlangt dieses Dorf 60 km nordöstlich als Ausgangspunkt für Wanderer und Radfahrer in die umliegende Landschaft mit ihren ausgedehnten Buchenwäldern.

Für die stilvolle Rast danach erwartet Sie das Hotelrestaurant *Les Lions de Beauclerc (6 Zi. | 7, rue de l'Hotel de Ville | Tel. 02 32 49 18 90 | Fax 02 32 48 27 80 | www.lionsdebeauclerc.com | €€)*. Im Restaurant *(Di geschl.)* serviert man neben Crêpes und *galettes* das, was der Markt am Morgen frisch im Angebot hatte. Danach kann man sich im angegliederten Antiquitätenladen umsehen.

Ein paar Kilometer südlich bei Lisors, im herrlichen Wald eingebettet, entpuppt sich die edle Zisterzienserabtei von *Mortemer (Abtei Mai–Sept. tgl. 14–18.30, Park tgl. 11–18 Uhr | 7 Euro)* aus dem 12. Jh. als echtes Juwel. Viele Teile der Klostergebäude und auch ein Keller sind erhalten.

PONT-AUDEMER [126 B4]

Im Hinterland der Côte Fleurie verdankt das 70 km nordwestlich verträumt an der Risle liegende Städtchen (9400 Ew.) seinen Charme den vielen Gassen mit ihren Fachwerkhäusern aus dem 16. Jh. In ihrer Mitte ragen die grandios angelegte, aber unvollendet gebliebene Kirche *Saint-Ouen* und die romanische Kirche *Saint-Germain* (beide 11. Jh.) auf.

Die Stadt ist ein beliebter Ausgangspunkt für Ausflüge in die Sümpfe des Marais Vernier und die Wälder von Brotonne. Unter dem Motto *Un dimanche à la campagne* lädt die gemeinnützige *Association PontAuRail* mehrmals im Sommerhalbjahr zu einem Sonntagsausflug in die malerische *Vallée de la Morelle* von Pont-Audemer nach Honfleur ein: Eine Bummelbahn fährt gemächlich auf alten Regionalstrecken. Auskunft: *place Maubert | Tel. 02 32 41 08 21 | Fax 02 32 57 11 12 | www.ville-pont-audemer.fr*

VERNON **[127 D5]**
Die von vielen Fachwerkhäusern aus dem 15. Jh. und einer prächtig ausgestatteten gotischen Stiftskirche aus dem 12. Jh. geprägte Stadt (27 000 Ew.) gut 30 km nordöstlich profitiert vom touristischen Glanz ihres weltbekannten Nachbardörfchens Giverny. Auf der rechten Flussseite, an einer romantischen Brücke, stehen die Ruinen eines mittelalterlichen Schlosses aus dem 13. Jh. Dort befindet sich in einem Fachwerkhaus das *Musée Alphonse-Georges Poulain (12, rue du Pont | im Sommer Di–So 10.30–12.30 und 14–18 Uhr, im Winter nur nachmittags | 2,80 Euro)*, das sich mit Volkskunst und der Geschichte der Region beschäftigt. Am Ortsrand liegt das prunkvoll im italienischen Stil gestaltete *Château de Bizy* aus dem 18. Jh. Im Park, neben den Stallungen, stehen schöne Statuen *(Museum im Sommer Di–So 10 bis 12 und 14–18, sonst Sa/So 14–17 Uhr, Nov.–Feb. geschl. | 7,50 Euro)*.

Ein angenehmes, empfehlenswertes Hotel ist das *Normandy (50 Zi. | 1, avenue Mendès-France | Tel. 02 32 51 97 97 | Fax 02 32 21 01 66 | www.le-normandy.net | €–€€)*. Auskunft: *36, rue Carnot | Tel. 02 32 51 39 60 | Fax 02 32 51 86 55 | www.ville-vernon27.fr*

LE HAVRE

KARTE IN DER HINTEREN UMSCHLAGKLAPPE

[126 A3] ★ Die an der Nordseite der 9 km breiten Seinemündung liegende

Musée des Beaux-Arts André Malraux: moderne Kunst in hellem Rahmen

große Hafen- und Industriestadt (195 000 Ew.) verdankt ihre Gründung (16. Jh.) und Entwicklung der Verlandung des flussaufwärts liegenden alten Hafens von Harfleur. Heute ist Le Havre der zweitgrößte Seehafen Frankreichs und ein wichtiger europäischer Verkehrsknotenpunkt. 1945 wurde die Stadt fast vollständig zerstört, unter der Regie des Architekten Auguste Perret aber neu aufgebaut. Er löste diese schwierige Aufgabe wider alle Kritik mit Bravour: Der großzügige Stadtgrundriss vermittelt ein Gefühl von Weite und Schwerelosigkeit – passend zum Meer. Das Ensemble gehört seit 2005 zum Unesco-Kulturerbe der Menschheit. Eine neue Brücke hat die alten Trockendocks in Reichweite der Innenstadt gerückt. Seither wandelt sich das ▶▶ *Quartier de l'Eure* zu einem quicklebendigen Viertel mit Ladenpassagen, Cafés, Kinos, Hotels und Bürogebäuden.

SEHENSWERTES

ESPACE OSCAR NIEMEYER

Über eine breite Avenue direkt in den Stadtkern geführt, stößt man fast zwangsläufig auf den Espace Oscar Niemeyer, das nach seinem brasilianischen Architekten benannte große Kulturzentrum. Mit Theater, Kino, Ausstellungsräumen und dem *café-musique L'Agora* bildet es den kulturellen Mittelpunkt der Stadt. Das wirtschaftliche Gegenstück liegt direkt gegenüber: das *Bassin de Commerce* mit dem internationalen Handelszentrum.

FÜHRUNGEN & TOUREN

Das Office de Tourisme bietet für Gruppen und Einzelreisende thematische Führungen zu Fuß oder per Bus an, z. B. einen Spaziergang über die Treppen von Le Havre oder entlang der Felsküste, eine Architekturführung zum Wiederaufbau nach 1945 oder einen Lifestylerundgang in *Sainte-Adresse*.

Insider Tipp

Anderthalbstündige Hafenrundfahrten können Sie auf einem Motorboot unternehmen *(April–Juni und Sept.–Nov. | Termine und Buchung Tel. 02 35 28 99 53)*.

HÔTEL DE VILLE

Dem Espace Oscar Niemeyer vorgelagert ist die Place de l'Hôtel de Ville, ein dem Rathaus mit seinem 72 m hohen ☀ Panoramaturm zu Füßen liegender großer Platz. An seinem Rand die Grünanlagen des *Jardin Public* mit einem Résistance-Ehrendenkmal.

LA MAISON DE L'ARMATEUR

Eine mondäne Reedervilla aus dem 18. Jh. im Herzen der Innenstadt wurde mit viel Geschick und Geschmack zum Museum für Stadtgeschichte umgewandelt. *3, quai de l'Isle | Fr–Mo 11–18, Mi 14–18 Uhr | 3 Euro*

MUSÉE DES BEAUX-ARTS ANDRÉ MALRAUX

Direkt am Hafen in einem Bau aus Glas und Stahl finden Sie das Museum der schönen Künste, dessen Sammlungen – vor allem moderne Malerei – zu den besten in Frankreich gehören. Auch bedeutende Impressionisten sind vertreten. In den Wintermonaten kann man vom ☀ Museumscafé aus Sonnenuntergänge über dem Meer und die Ausfahrt gro-

Insider Tipp

ßer Schiffe beobachten. *2, boulevard Clémenceau | Mo, Mi, Do, Fr 11–18, Sa/So 11–19 Uhr | 5 Euro*

NOTRE-DAME

Anziehungspunkt beim Hafen ist die restaurierte Kathedrale aus dem 16./17. Jh., die Stilelemente der Gotik und der Renaissance miteinander vermischt. Markant der viereckige Glockenturm. Im Inneren beachtenswert: die 1638 von Kardinal Richelieu gestiftete Orgel.

PORT DE PLAISANCE

Eine Attraktion ist zweifellos der Yachthafen mit Platz für 1300 Boote. Ein fotogener Rundblick ergibt sich von der *Mole Digue Nord.*

SAINTE-ADRESSE

Die früher blühende Hafenstadt, ein nordwestlicher Vorort von Le Havre, ist heute ein bekanntes Seebad, das den Besuch auch wegen des schönen Rundblicks vom Aussichtspunkt in der Nähe der neugotischen Kapelle Notre-Dame-des-Flots lohnt. Vorgelagert sind die Felsformationen des Cap de la Hève sowie das alte Fort de Sainte-Adresse.

ESSEN & TRINKEN

PETITE AUBERGE

Hier bekommen Sie regionale Gerichte zu moderaten Preisen. *Sa-Mittag, So-Abend und Mo geschl. | 32, rue Sainte-Adresse | Tel. 02 35 46 27 32 |* €€–€€€

LES TROIS PICS

Im Stadtteil Sainte-Adresse mit schöner Aussicht auf die Seinebucht. Hier isst man vor allem Austern und raffinierte Fischgerichte. *In der Saison tgl., sonst So-Abend und Mo geschl. | promenades des Regates | Tel. 02 35 48 20 60 |* €€

LA VILLA DU HAVRE

Jean-Luc Tartarin, der Chef des Etablissements am Meeresufer, gilt landesweit als einer der Hohepriester französischer Kochkunst. Wer bereit ist, sein Sparschwein zu schlachten, wird das höchstwahrscheinlich bestätigen. *So/Mo geschl. | 66, boulevard Albert I | Tel. 02 35 54 78 80 | www.villaduhavre.com |* €€€

ÜBERNACHTEN

IBIS CENTRE

Ruhiges Hotel der französischen Kette in der Stadtmitte mit freundlicher Atmosphäre. *91 Zi. | rue du 129ème Rég. d'Infanterie | Tel. 02 35 22 29 29 | Fax 02 35 21 00 00 | www.accorhotels.com |* €

RICHELIEU

Angenehme Unterkunft mit ruhigen, ordentlichen Zimmern. *19 Zi. | 132, rue de Paris | Tel. 02 35 42 38 71 | Fax 02 35 21 07 28 | www.hotel-lerichelieu-76.com |* €

LE SÉJOUR FLEURI

Angenehme Pension mit 27 sauberen, ruhigen Zimmern in einer Seitenstraße. *71, rue Émile Zola | Tel. 02 35 41 33 81 | Fax 02 35 42 26 44 | www.hotelsejourfleuri.fr |* €

VENT D'OUEST

Zwischen Zentrum und Strand gelegenes, gediegenes Hotelrestaurant mit maritimem und antikem Dekor. *34 Zi. | 4, rue de Caligny | Tel.*

02 35 42 50 69 | Fax 02 35 42 58 00 | www.ventdouest.fr | €€€

FREIZEIT & SPORT

Le Havre ist mit seinem berühmten Yachthafen eine Hochburg der Segler, und auch der Badestrand von Sainte-Adresse ist gut. Im *Port de Plaisance* herrscht in der Saison reges maritimes Leben. Höhepunkt sind die internationalen Regatten im Juni. 30 *clubs nautiques* für Angelsport, Segeln, Tauchen, Kanufahren, Surfen, Strandsegeln und mehr bieten jährlich rund 6000 Aktivitäten für Touristen an, zusammengefasst in der Broschüre *Week-end Passion – spécial nautisme,* erhältlich im Office de Tourisme. Treff für alle, denen Halfpipes, Rampen etc. die Welt bedeuten, ist der ▶▶ *Skatepark Le Havre (www.splitlehavre.com)* Insider Tipp direkt neben der Hafeneinfahrt am Strand längs des Boulevard Clémenceau, Frankreichs größter Open-Air-Skatepark.

AM ABEND

Le Havre ist eine lebendige Stadt mit reichem Kulturleben. Es gibt allein sechs Theater, darunter die Nationalbühne *Le Volcan (espace Oscar Niemeyer | Tel. 02 35 19 10 10),* außerdem gut zwei Dutzend *cafés-concerts* (Konzertsäle mit Restauration) und natürlich mehrere Kinos, Diskotheken und Bars. Im Juli und August finden am Wochenende *estivals* am Strand statt. Der Veranstaltungskalender *Derrière le Rideau* ist in Ho-

Keiner ist größer in Frankreich: Open-Air-Skatepark am Strand von Le Havre

tels und im Office de Tourisme erhältlich.

AUSKUNFT

186, boulevard Clémenceau | Tel. 02 32 74 04 04 | Fax 02 35 42 38 39 | www.lehavretourisme.com, www.ville-lehavre.fr

ZIELE IN DER UMGEBUNG

CANY-BARVILLE [126 B2]

Im Flusstal des Durdent liegt rund 60 km nordöstlich das quicklebendige Städtchen. Bemerkenswert ist das Rathaus, das mit vier Flügeln einen großen Vorplatz einrahmt. Die eigentliche Attraktion aber liegt 2 km südlich am linken Flussufer: das stolze *Château de Cany* aus dem 17. Jh. Mitten in einem nach englischem Vorbild gestalteten Park spiegelt das Schloss drinnen und drum herum die Pracht der Zeit von Louis XIII wider. *Juli/Aug. Sa–Do 10–12 und 15–18 Uhr | 5 Euro*

>LOW BUDGET

- Das Seinetal birgt reichliche Sehenswürdigkeiten – an beiden Ufern. Wer bei der Überquerung Geld sparen möchte, wählt auf dem Pont de Normandie den Sonntag, wo man für den Preis von 5 Euro auch noch einen Jeton für die Rückfahrt (egal an welchem Tag) bekommt. Außerdem gibt es zwischen Rouen und Le Havre acht Fähren, die allemal billiger sind als die Brückenmaut (einige sind sogar kostenlos). Die etwaige Wartezeit wird durch die Flussromantik verkürzt.
- Die Leihgebühren für Boote in den normannischen Segelzentren sind z. T. beträchtlich. Eine preiswerte und zugleich atemraubende Variante ist ein Segelkurs für die ganze Familie in der Bucht von Étretat vor der Kulisse der mächtigen Kreideklippen. Preis für einen Kurs mit diplomiertem Segellehrer an drei halben Tagen: 90 Euro pro Person. *Association Voiles et Galets | Tel. 06 10 56 69 67 | www.voilesetgalets.com*

ÉTRETAT ★ [126 A3]

Aus einem stillen Fischerdorf rund 30 km im Norden hat sich ein lebendiger Badeort (1600 Ew.) entwickelt, der zu jeder Jahreszeit viele Besucher anzieht – vor allem wegen der grandiosen Naturkulisse aus weißem Kalkgestein links und rechts des Kieselstrandes. Westlich erhebt sich die Kalkklippe *Falaise d'Aval* mit Blick auf die phantastische *Aiguille* (Nadel) und den aus den Klippen ins Meer hineinragenden Torbogen. Auf der östlichen Seite ermöglicht die *Falaise d'Amont* einen herrlichen Rundblick auf den Ort und die fotogenen Gesteinsformationen gegenüber. Im Ort lohnt es sich, die Kirche *Notre-Dame* und die Altstadt mit den alten Markthallen zu besichtigen. Für Fans skurriler Felsformationen: Nur 4 km weiter, am *Cap d'Antifer*, gibt es mit der *Aiguille Belval* noch eine weitere Felsnadel zu bewundern.

Insider Tip

Am Ortsausgang Richtung Le Havre in Le Valaine halten Agnès und Bernard Dherbécourt rund um ihren schmucken *Manoir de Cateuil (route du Havre | www.levalaine.com)* eine ansehnliche Ziegenherde. Deren Milch wird vor Ort in Köstlichkeiten wie Käse oder Schokolade verwandelt – zusehen erwünscht, Verkauf im Hofladen. Zum Übernachten eignet sich *Le Donjon (8 Zi. | chemin de Saint-Clair | Tel. 02 35 27 08 23 | Fax 02 35 29 92 24 | www.ledonjon-etretat.fr | €€€)*, ein Herrenhaus auf der Klippe mit Blick auf die Kreideküste. Auskunft: *place Maurice Guillard | Tel. 02 35 27 05 21 | Fax 02 35 28 87 20 | www.etretat.net*

FÉCAMP [126 A2]

Von Strand und Felsen eingerahmt, liegt das alte Seebad (22 000 Ew.) gut 40 km nordöstlich von Le Havre bildschön am Ausgang eines Tals im Pays de Caux. Mit der einstigen Abteikirche *Sainte-Trinité* aus dem 12. Jh. und ihrem mächtigen frühgotischen Folgebau war der Ort ein viel besuchter Wallfahrtsort. Sehenswert sind auch die Altstadt und das prachtvolle *Musée de la Bénédictine (110, rue Alexandre-le-Grand | im Hochsommer tgl. 10–19 Uhr, sonst kürzer und mit Mittagspause | 6 Euro mit Likörprobe | www.benedictine.fr)*, in dem der bekannte Likör aus Kräutern der Felsregion destilliert wird.

In den einstigen Wallfahrtsort pilgern heute die Angler: Uferpromenade in Fécamp

Angenehme Restaurants sind *Plaisance (tgl. | 33, quai Vicomté | Tel. 02 35 29 38 14 | €€)* sowie *Le Vicomté (Mi-Abend und So geschl. | 4, rue Président Coty | Tel. 02 35 28 47 63 | €)*. Auskunft: *113, rue Alexandre le Grand | Tel. 02 35 28 51 01 | Fax 02 35 27 07 77 | www.fecamptourisme.com*

15 km östlich in *Sassetot-le-Mauconduit* finden Sie mit dem *Relais des Dalles (6, rue Elisabeth d'Autriche | Tel. 02 35 27 41 83 | Fax 02 35 27 13 91 | www.relais-des-dalles.fr | €€)* eine Oase der Ruhe mit vorzüglicher Gastronomie: vier stilvoll eingerichtete Zimmer mit Blick auf den Garten und ein nicht weniger inspiriertes Restaurant (€€–€€€).

HARFLEUR [126 A3]

Der am östlichen Stadtrand liegende Vorort (9700 Ew.) von Le Havre wird wegen seines bunten Sonntagmarkts gern besucht. Im Mittelpunkt steht die berühmte *Église Saint-Martin,* eine fünfschiffige gotische Prioratskirche aus dem 14.–16. Jh. Nur 2 km entfernt, auf einer Anhöhe über der Seine und umgeben von einem schönen Park, liegt das *Château d'Orcher (Mitte März–Mitte Dez. Fr–Mi 9–17 Uhr | 5,50 Euro)* aus dem 18. Jh. In der früheren Festungsanlage fällt der mächtige Wehrturm besonders auf.

MONTIVILLIERS [126 A3]

Eines der seltenen Frauenklöster der Normandie stellt die in 20-jähriger Arbeit restaurierte *Abbaye de Montivilliers* am nordöstlichen Stadtrand von Le Havre dar: 684 gegründet, von den Wikingern zerstört, im 11. Jh. neu errichtet, bis 1792 Kloster, dann u. a. Gefängnis und Garnison. Der audiovisuell gestaltete Rundgang vermittelt auf eindrucksvolle Weise Einblick in Tagesablauf, Räume und Alltagsutensilien der Nonnen. *April–Sept. tgl. 10–18 Uhr, sonst kürzer | 5 Euro | www.ville-montivilliers.fr*

ROUEN

KARTE IN DER HINTEREN UMSCHLAGKLAPPE

[126 C4] ★ **Die Bedeutung der Stadt an der Seine ist unumstritten. Sie ist mit 107 000 bzw. 380 000 Ew. (einschließlich eines großen Konglomerats von Vororten) die Hauptstadt der Region.** Ihre Lage 90 km von der Küste entfernt lässt nicht vermuten, dass sie den fünftgrößten Seehafen Frankreichs besitzt. Jährlich tuckern über 3500 Schiffe den Strom hinauf und zum Meer zurück. Die Gezeiten machen sich bis Rouen deutlich bemerkbar.

Alle vier Jahre (das nächste Mal 2011) richtet die Stadt Ende Juni, Anfang Juli die siebentägige *Armada de Rouen* aus, ein gigantisches Volksfest mit mehr als 10 Mio. Besuchern, bei dem stolze Riesensegel-

schiffe aus ein paar Dutzend Nationen in den Hafen einfahren *(Auskunft: Tel. 02 35 07 19 99 | Fax 02 35 15 45 45 | www.armada.org).*

Die „Stadt der 100 Kirchtürme" hat eine 2000-jährige wechselvolle Geschichte. Trauriger Höhepunkt war die Verbrennung von Jeanne d'Arc auf der Place du Vieux-Marché. Das reiche baukünstlerische Erbe mit den herrlichen sakralen Bauten, prachtvollen Schlössern und stolzen Bürgerhäusern unterschiedlicher Stilarten bescherte Rouen den zweiten Beinamen „Museumsstadt". Zentrale Website für Rouens Museen: *www.rouen-musees.com*

SEHENSWERTES

ABBATIALE SAINT-OUEN

Über die enge Rue Damiette erreicht man die Kirche einer in der Karolingerzeit gegründeten Benediktinerabtei, ein prunkvolles gotisches Bauwerk mit einem Vierungsturm im Flamboyantstil. Im Inneren sehr schöne Glasfenster und eine große Orgel aus dem 16. Jh. Auf der Nordseite die Ruinen des Kreuzgangs. *Mi–Mo 10–12 und 14–17 (April–Okt. bis 17.30) Uhr*

AÎTRE DE SAINT-MACLOU

An der Rückfront der Kirche Saint-Maclou, in der Rue Martainville, verbirgt sich hinter einem unauffälligen Durchgang ein von Fachwerkhäusern umgebener Innenhof. In den mit Holzschnitzereien verzierten Galerien dieses sogenannten Beinhauses aus dem 14. Jh. liegen die Pestopfer der Stadt geschichtet. *186, rue Martainville | tgl. 9–18 (Mitte März–Okt. bis 19) Uhr*

Bei Tag und bei Nacht tuckern Schiffe die Seine hinunter an Rouen vorbei zum Meer

GROS-HORLOGE

In der belebten Rue du Gros-Horloge befindet sich die in den Renaissancetorbogen eingebaute Gros-Horloge aus dem 16. Jh. Auf ihren beiden Seiten sieht man die kunstvoll gestalteten Zifferblätter der noch heute exakt funktionierenden Uhr. Vom gotischen ✳ *beffroi* (Glockenturm) aus dem 14. Jh. genießen Sie einen Rundblick über den historischen Stadtkern. *April–Okt. Di–So 10–18, Nov.–März 14–17 Uhr*

MUSÉE DES BEAUX-ARTS

Das Kunstmuseum zeigt Skulpturen und Gemälde, darunter eine impressionistische Sammlung mit Werken von Claude Monet, Auguste Renoir und Alfred Sisley, aber auch Werke des 16.–17. Jhs. *Square Verdrel/26 bis, rue Jean Lacanuet | Mitte April bis Mitte Sept. Mi–Mo 9.30–19 Uhr, sonst kürzer und mit Mittagspause | 4 Euro*

MUSÉE FLAUBERT ET D´HISTOIRE DE LA MÉDECINE

Das Geburtshaus des literarischen Vaters von Madame Bovary, Gustave Flaubert, enthält nicht nur Erinnerungen an den großen französischen Schriftsteller, sondern auch eine Ausstellung historischer medizinischer Instrumente – Flauberts Vater war Mediziner. *51, rue de Lecat | Mi–Sa 10–12 und 14–18, Di 10–18 Uhr | 3 Euro*

MUSÉE NATIONAL DE L'ÉDUCATION

In dem schönen Fachwerkbau erfahren Sie viel über die französische Kindheits- und Schulgeschichte seit dem 16. Jh. *185, rue Eau-de-Robec | Mi–Fr 10–12.30 und 13.30–18, Sa/So 14–18 Uhr | 3 Euro*

MUSÉE LE SECQ-DES-TOURNELLES

In der ehemaligen Kirche Saint-Laurent sehen Sie eine reichhaltige Ausstellung von Kunstschmiedearbeiten. *2, rue Jacques-Villon | Mi–Mo 10–13 und 14–18 Uhr | 2,30 Euro*

NOTRE-DAME

Mittelpunkt der Altstadt ist die gotische Kathedrale (12.–16. Jh.), ein besonders schönes unter den sakralen Bauwerken Frankreichs. Sie beeindruckt durch ihre im Flamboyantstil gehaltene Fassade, die von der *Tour de Saint-Romain* und der später rechts hinzugekommenen *Tour de Beurre* (16. Jh.) flankiert wird. Den Namen „Butterturm“ verdankt er seiner Finanzierung durch einen bei den Bürgern erhobenen „Butterpfennig“. Der ebenfalls imposante Vierungsturm ist mit 152 m einer der höchsten Kirchtürme Frankreichs. Verteilt auf die Türme läuten in der Kathedrale 56 Glocken. *April–Okt. Di–Sa 7.30 bis 19, So 8–18, Mo 14–18 Uhr, sonst kürzer und mit Mittagspause*

PALAIS DE JUSTICE

In der Rue aux Juifs befindet sich das prächtige Gerichtsgebäude, in dem früher das Parlament der Normandie tagte. Das Bauwerk aus dem 16. Jh. ist ein Höhepunkt der Flamboyantgotik und der Renaissance. Bei der Restaurierung wurden Reste einer Synagoge aus dem 12. Jh. entdeckt.

PLACE DU VIEUX-MARCHÉ

Auf dem alten Marktplatz, der von normannischen Fachwerkhäusern

SEINE-MARITIME & EURE

Eine gotische Kathedrale vom Feinsten besitzt die Museumsstadt Rouen: Notre-Dame

und der architektonisch auffälligen modernen Kirche Sainte-Jeanne d'Arc umrahmt ist, wurde am 30. Mai 1431 die Nationalheilige auf dem Scheiterhaufen verbrannt. Ein Denkmal und das der Kirche gegenüberliegende *Musée Jeanne d'Arc (im Sommer tgl. 9.30–19, im Winter 10–12 und 14–18.30 Uhr | 4 Euro)* sind ihrer Erinnerung gewidmet.

ESSEN & TRINKEN

LE BISTRO DU CHEF

Die unwiderstehliche Gelegenheit, bei einem der „Kochpäpste" Frankreichs, Gilles Tournadre, preiswert zu essen – in seinem Bistroableger im Bahnhof von Rouen. *Sa-Mittag, Mo-Abend und So geschl. | Tel. 02 35 71 41 15 | €–€€*

LA COURONNE

Die älteste Herberge Frankreichs mit Ursprung im 14. Jh. Ambiente und Küche rangieren auf hohem Niveau. *Tgl. | 31, place du Vieux Marché | Tel. 02 35 71 40 90 | www.lacouronne.com | €€–€€€*

LA PÊCHERIE

Unter den Fischfans der Stadt wird La Pêcherie als unumgängliche Adresse gehandelt. Wenn der täglich frische Fisch etwa als *trio de poissons* auf den Tisch gelangt, bleiben keine Wünsche offen. Das Restaurant direkt am Seineufer lohnt aber auch wegen des eindrucksvollen Blicks, vor allem abends. *Sa-Mittag und So geschl. | 29, place de la Basse Vieille Tour | Tel. 02 35 88 71 00 | www.lapecherie.fr | €€–€€€*

LA TAVERNE DU VIEUX ROUEN

Elsässische Küche mit – angesichts der Lage mitten im Zentrum – sehr zivilen Preisen. Man sitzt stilecht in normannischem Fachwerk. *Tgl. | 9, place du Vieux Marché | Tel. 02 35 71 22 93 | €€–€€€*

EINKAUFEN

Rouen ist berühmt für seine schönen Fayencen. In der Rue Saint-Romain, an der Place Barthélémy und in der Rue Martainville gibt es viele Antiquitätenläden.

ÜBERNACHTEN

HOTEL DES ARCADES
Preiswerte Variante eines Stadthotels. *17 Zi. | 52, rue des Carmes | Tel. 02 35 70 10 30 | Fax 02 35 70 08 91 | www.hotel-des-arcades.fr* | €

HÔTEL LE CARDINAL
Hier logieren Sie direkt neben der Kathedrale und genießen im Sommer das Frühstück auf der Terrasse. *20 Zi. | 1, place de la Cathédrale | Tel. 02 35 70 24 42 | Fax 02 35 89 75 14 | www.cardinal-hotel.fr* | €–€€

HÔTEL DE LA CATHÉDRALE
Komfortabel und individuell, in einer schönen Altstadtgasse gelegen. *26 Zi. | 12, rue Saint-Romain | Tel. 02 35 71 57 95 | Fax 02 35 70 15 54 | www.hotel-de-la-cathedrale.fr* | €–€€

AM ABEND

L'EURO CLUB
Der zurzeit am höchsten gehandelte Dancefloor aller Diskophilen in Rouen, nicht zuletzt wegen seines gotischen Ambiente im Gewölbe unter einem stattlichen historischen Stadthaus. Aufgelegt wird alles, was die Massen auf die Tanzflächen zieht. *Do–Di 23–4 Uhr, 243, route de Darnétal*

EXO 7
Das Exo 7 im Vorort *Petit-Quevilly* ist die Legende unter den Diskos der Stadt. Überwiegend studentisches Publikum groovt zu Hits aus den Sixties oder Eighties bis hin zu Neuerscheinungen und Livekonzerten. *Sa/So 23–5 Uhr, 13, place Chartreux*

AUSKUNFT
25, place de la Cathédrale | Tel. 02 32 08 32 40 | Fax 02 32 08 32 44 | www.rouen.fr

ZIELE IN DER UMGEBUNG

JUMIÈGES ★ [126 C4]
Die großartige Abteianlage der Benediktiner aus dem 10./11. Jh. rund

Auch als Ruine noch beeindruckend: die Abtei von Jumièges an der Seine

30 km westlich von Rouen zählt ohne Frage zu den eindrucksvollsten Ruinen der Normandie. Die beiden 46 m hohen Fassadentürme der Abteikirche *Notre-Dame* aus dem 11. Jh. lassen die ursprünglichen riesigen Ausmaße des Bauwerks erkennen. Vom Laternenturm steht noch eine Wand. Schöne präromanische Teile zeigt die Kirche *Saint-Pierre* aus dem 14. Jh. In den bis heute erhaltenen Klostergebäuden sind die steinerne Treppe, Teile des Kapitelsaals und der Keller aus dem 12. Jh. zu besichtigen. *Mitte April–Mitte Sept. tgl. 9.30–19, Mitte Sept.–Mitte April 9.30–13 und 14.30–17.30 Uhr | 4,60 Euro*

PARC RÉGIONAL DE BROTONNE [126 B4]
So manches offizielle Werbeplakat für die Normandie wurde hier fotografiert: rustikales Frankreich, wie man es sich schöner kaum vorstellen kann. Lichte Eichen- oder Buchenwälder, durchzogen von stillen Straßen und Wegen, dazwischen Insider Tipp reetgedeckte Fachwerkhäuser (die schönsten in *Vieux Port* und *Aizier*), Windmühlen (z. B. bei *Hauville*) und immer wieder die Seine, die den Park in weiten Mäandern durchströmt.

Auf keinen Fall versäumen sollten Sie den Aussichtspunkt von *Sainte-Opportune-la-Mare* nördlich von Pont-Audemer. Auskunft: *Maison du Parc | Notre-Dame-de-Bliquetuit | Tel. 02 35 37 23 16 | Fax 02 35 37 39 70*

SAINT-MARTIN-DE-BOSCHERVILLE [126 C4]
Der in einer Waldlandschaft liegende Ort 8 km westlich hat große Geltung durch die mächtige, im romanisch-normannischen Stil erbaute Abteikirche *Saint-Georges* aus dem 12. Jh. erhalten. Sehr schön ist die harmonische Rundbogenfassade des Kapitelsaals mit dem Kreuzgang. *Okt.–Mai tgl. 14–17, Juni–Sept. 9–18.30 Uhr | 5 Euro | www.abbaye-saint-georges.com*

SAINT-WANDRILLE-RANÇON [126 B3]
Aus der im Seinetal 35 km nordwestlich von Rouen gelegenen Benediktinerabtei aus dem 7. Jh. wurden die Mönche im Lauf der Zeiten immer wieder vertrieben, doch sie kamen jedesmal zurück. Die ursprünglichen Gebäude bestehen heute nicht mehr. Im Park sind die kleine Kapelle *Saint-Saturnin* aus dem 10. und die Ruinen der Abteikirche aus dem 13./14. Jh. sehenswert.

Die Abteigebäude werden heute von Mönchen der Kongregation von Solesmes bewohnt und bewirtschaftet. Mit ihren eindrucksvollen Insider Tipp gregorianischen Gesängen verschönern sie die Messen. Deren Zeiten – die erste und letzte bestimmen auch die Öffnungszeiten der Anlage – finden Sie auf der Website *www.st-wandrille.com.*

VASCŒUIL [127 D4]
In einer 5 ha großen Grünanlage knapp 20 km östlich von Rouen präsentiert sich stolz das unter Denkmalschutz stehende *Château de Vascœuil* aus dem 12. Jh. Im Schloss werden Werke und im Park Skulpturen zeitgenössischer Künstler ausgestellt. *Im Winter tgl. 14.30–17.30, im Sommer 11 bis 18.30 Uhr | 7,50 Euro | www.chateauvascoeuil.com*

> TOURS DE NORMANDIE

An der Seine oder an der Alabasterküste entlang, durch die Normannische Schweiz oder zum Klosterberg im Meer: Erleben Sie vier ganz verschiedene Gesichter der Normandie

Die Touren sind auf dem hinteren Umschlag und im Reiseatlas grün markiert

1 DURCH DAS TAL DER SEINE ZUM MEER

Die schönste Route von Paris nach Rouen ist diejenige, die dem Lauf der Seine auf ihrem Weg zur Mündung folgt. An den vielen Flusswindungen sind historische Glanzpunkte und landschaftliche Schönheiten zu entdecken. Dauer: zwei Tage, rund 140 km bis zum Meer

Verlassen Sie die Autobahn A 13 an der Ausfahrt 16 in Richtung **Vernon** *(S. 84)*. Am Rand des mittelalterlichen Städtchens liegt das **Château de Bizy**. Hinter Vernon wechseln Sie auf die andere Seite der Seine und biegen unmittelbar hinter der Brücke nach **Giverny** *(S. 81)* ein. Dort erleben Sie eine der schönsten Sehenswürdigkeiten der Normandie: das Anwesen des großen Impressionisten Claude Monet. Kehren Sie nun um, bleiben auf der rechten Seite des Flusses und fahren über die D 313 nach **Les Ande-**

Bild: Château Gaillard bei Les Andelys

AUSFLÜGE & TOUREN

lys *(S. 79),* das malerisch an einer Schleife der Seine liegt. Am Ende des Städtchens geht es rechts hinauf zu den Ruinen des **Château Gaillard.** Richard Löwenherz ließ 1196 das gewaltige Bollwerk zur Verteidigung der Normandie gegen das französische Königreich errichten.

Auf der Weiterfahrt können Sie Rouen über die D 126 direkt ansteuern oder aber einen landschaftlich schönen Umweg entlang des Ufers der Seine wählen. Für einen Rundgang durch das Freilichtmuseum **Rouen** *(S. 90)* sollten Sie mindestens drei Stunden einplanen und hier am besten auch übernachten.

Bei der Weiterfahrt bleiben Sie auf dem rechten Seineufer und biegen kurz vor Beginn der A 150 links in die D 982 ein. Lohnend ist ein Stopp in **Saint-Martin-de-Boscherville** *(S. 95)* zur Besichtigung der normannisch-romanischen Abteikirche Saint-

Georges. Ein Höhepunkt sakraler Baukunst ist die nächste Station, die **Abbaye de Jumièges** *(S. 94)*, die als die schönste Ruine Frankreichs bezeichnet wird. In **Saint-Wandrille-Rançon** *(S. 95)* erleben Sie die Benediktinerabtei aus dem 7. Jh. und in **Caudebec-en-Caux** die Kirche Notre-Dame, ein Meisterwerk der Spätgotik.

Verlassen Sie die D 982, folgen Sie der D 81, und machen Sie zu Ehren des Dichters Victor Hugo im herrlich am Seineufer gelegenen **Villequier** Halt, wo Sie das ihm gewidmete Museum besuchen sollten. Wenige Kilometer weiter beeindruckt das spätgotische **Château d'Ételan.** In **Lillebonne** kehren Sie auf die D 982 zurück. Das im 1. Jh. errichtete **Amphithéâtre Romain** zeugt von der Bedeutung des Städtchens zu Zeiten Julius Cäsars.

Die A 15 führt direkt in die Hafenstadt **Le Havre** *(S. 84)*, gern auch *La Porte Océane* genannt. Es lohnt sich, zum Vorort Sainte-Adresse zu fahren, die neugotische Kapelle Notre-Dame-des-Flots anzusteuern und von dort den Blick über das Cap de la Hève, das alte Fort und das Meer zu genießen.

Wenn Sie Le Havre in südlicher Richtung verlassen, überqueren Sie unbedingt den ✱ Pont de Normandie in Fahrtrichtung Honfleur und genießen die grandiose Aussicht auf die Seinebucht.

2 ENTLANG DER CÔTE D'ALBÂTRE

Sehr lohnend ist der Einstieg in die Normandie an ihrem nordöstlichsten Punkt, im Seebad Le Tréport. Zu Füßen der höchsten Kreideklippen Frankreichs gelegen, offenbart es den Charme der Côte d'Albâtre, die sich von hier bis über Étretat hinaus hinzieht. Von Le Tréport bis Étretat sind es 105 km, die sich – mit genügend Zeit für Stopps – in einem Tag bewältigen lassen.

Zum Teil mehr als 100 m hoch sind die Steilklippen der Côte d'Albâtre. Zu ihren grünen Tälern führt die D 925, die sich kurvenreich entlang des Klippenrands bis zum **Cap de la Hève** bei Le Havre schlängelt. **Le Tréport** *(S. 75)* und der benachbarte Badeort **Mers-les-Bains** bieten einen schönen Einstieg in die Küstentour.

Als das älteste französische Seebad stellt sich **Dieppe** *(S. 71)* vor. Zum mittelalterlichen Charakter trägt die Burg bei, die über der Stadt und dem Hafen thront. Die D 75 und D 68 erlauben es, die Fahrt küstennah fortzusetzen. Ein Stopp lohnt sich in **Varengeville-sur-Mer** *(S. 75)*. Die über dem Meer gelegene Kirche des Künstlerdorfs besitzt ein Glasgemälde von Georges Braque. Wenige Kilometer weiter erreichen Sie mit **Saint-Valéry-en-Caux** das nächste beliebte Seebad. Ein Abstecher ins Hinterland führt in **Cany-Barville** *(S. 88)* zum Château Cany, das prachtvoll inmitten seines schönen Parks liegt. Über die D 925 gelangen Sie nun direkt nach **Fécamp,** das Sie auch über das Seebad **Veulettes-sur-Mer** am Meer entlang erreichen können. Diese Strecke führt am **Château de Sassetot** vorbei, in dem die legendäre Kaiserin Sissi ihre Ferien verbrachte.

In **Fécamp** *(S. 89)* ist unbestrittener Höhepunkt die mächtige frühgotische Abteikirche Sainte-Trinité. Ein charmanter Badeort ist das nahe **Yport,**

Ferienziel vieler Pariser: der im Norden gelegene Badeort Le Tréport

das eng in die Steilklippen gebaut ist. Weit mehr Platz und vor allem zwei Naturereignisse links und rechts bietet der Strand von **Étretat** *(S. 88):* Die berühmten Felsnadeln im Meer sind ein Wahrzeichen der Normandie.

3 DURCH DAS STILLE HINTERLAND

Eine herrliche Strecke führt von Alençon über die Suisse Normande zur Küste des Calvados. Lassen Sie sich für die rund 150 km zwei Tage Zeit, um ausreichend Gelegenheit für Stopps zu haben.

Alençon *(S. 47)* begrüßt mit dem massiven Château des Ducs seine Besucher und macht ihnen bewusst, dass sie geschichtsträchtigen Boden betreten haben. Ein schöner Eindruck wartet wenige Kilometer entfernt inmitten der herrlichen **Alpes Mancelles.** Das malerisch in den Hügeln gelegene **Saint-Céneri-le-Gérei** *(S. 51)* zählt sich zu den schönsten Dörfern Frankreichs.

Nach diesem kleinen Ausflug führt der Weg zurück nach Alençon und in Richtung Norden über die N 138 zum Bischofssitz **Sées** *(S. 51).* Die Kathedrale Notre-Dame gilt als Meisterwerk normannischer Hochgotik. Nach wenigen Kilometern auf der N 158 erreichen Sie mit dem Château in **Médavy** ein weiteres attraktives Bauwerk. Die kleine D 26 führt nach **Le Pin-au-Haras** *(S. 51)* zum ebenfalls in einem Schloss untergebrachten Staatsgestüt **Haras du Pin.** Eine landschaftlich schöne Strecke bietet dann die N 26, die nach **Argentan** *(S. 49)* führt. Wie Alençon hat auch diese Stadt ihren Ruf durch die Spitzenherstellung begründet. Über die N 158 ist es nun nicht mehr weit nach **Falaise** *(S. 58),* der Geburtsstadt Wilhelms des Eroberers, des legendären normannischen Herzogs.

Die D 511 führt Sie weiter zum blumengeschmückten **Pont-d'Ouilly** mitten in die romantische **Suisse Normande** *(S. 59)*, die viele Naturfreunde und Freizeitsportler anlockt. Temperamentvoller Mittelpunkt der Region ist das kleine **Clécy.**

Über die D 562 erreichen Sie schließlich **Caen** *(S. 55)*, die einstige Hauptstadt der Normandie. Wilhelm der Eroberer hat mit der Burganlage und den berühmten Abteien großartige Bauwerke in der Hauptstadt des Calvados hinterlassen.

4 AUSFLUG ZUM MONT-SAINT-MICHEL

Der Ausflug zum Mont-Saint-Michel – knapp 150 km, mit Besichtigung zwei Tage – beginnt im historischen Bayeux, führt durch verschiedene Landschaften an Schlössern und Abteien vorbei, berührt sehenswerte Städte und findet seinen Höhepunkt mit der Besichtigung des „Glaubensbergs des Abendlands".

Bayeux *(S. 52)* besitzt mit seiner Altstadt und der prächtigen Kathedrale bereits zwei Sehenswürdigkeiten. Seine große Attraktion ist aber die Tapisserie de Bayeux. Verlassen Sie die Stadt auf der D 572, und fahren Sie bis zum Waldgebiet **Forêt de Cerisy.** Auf der linken Seite ist das stilvolle **Château de Balleroy** *(S. 54)* mit dem Heißluftballonmuseum zu besuchen, auf der rechten Seite die Abteikirche von **Cerisy-la-Forêt.** Kurz danach erreichen Sie **Saint-Lô** *(S. 43)*. Größter Schatz der Stadt ist das von Napoleon Bonaparte angelegte Gestüt **Haras National.**

Ein architektonisches Juwel auf der nächsten Etappe ist die gotische Kathedrale von **Coutances** *(S. 42)*, die Sie über die D 972 erreichen. Von der Terrasse des Vierungsturms sind die Strände von **Agon-Coutainville** und, bei guter Sicht, die Kanalinsel Jersey zu sehen. Die D 971 führt Sie nun in das beliebte Seebad **Granville** *(S. 41)*.

Folgen Sie dann an der Küste entlang der D 911 in Richtung Avranches. An der **Pointe de Champeaux** *(S. 34)* öffnet sich ein phantastisches Panorama zum Mont-Saint-Michel, zur Bretagneküste und zu den Îles Chausey. In der alten Bischofsstadt **Avranches** *(S. 31)* lohnt ein Besuch des Parks.

Auf der N 175 und der D 75 sind es dann nur noch wenige Kilometer bis zum **Mont-Saint-Michel** *(S. 44 | Mai bis Aug. tgl. 9–19, Sept.–April 9.30 bis 18, Einlass bis 17 Uhr | 8 Euro)*. Die vom Meerwasser umspülte Felseninsel ist durch einen Damm mit dem Festland verbunden, sodass Sie derzeit noch unmittelbar vor das Klostereingangstor fahren und dort parken können. Demnächst wird das Gebiet um den Berg allerdings renaturiert, sodass es für Autos keinen Zugang mehr geben wird.

Bereits im Eingangsbereich, an der Porte de l'Avancée, aber auch in der zur Abtei hinführenden Grande Rue bestimmt erhebliches Gedränge das turbulente Treiben mit Geschäften, Souvenirläden, Crêperien und Restaurants. Erst beim nicht ganz unbeschwerlichen Aufstieg über steile Treppenwege zum Klosterbereich lichten sich die Mengen.

Auf dem Weg passieren Sie Verteidigungsmauern, Türme und Terrassen, die Ihnen herrliche Blicke auf die näher rückenden Kunstwerke sakraler Architektur eröffnen. An den Gebäuden vorbei, in denen die noch heute im Kloster lebenden Mönche wohnen, erreichen Sie schließlich die **Terrasse de l'Ouest** (Westterrasse). Hier beginnen die in deutscher Sprache gehaltenen Führungen durch die Klosteranlage.

Höhepunkt ist der Kreuzgang, geschaffen als Ort der Stille und Meditation. Die schönen, mit normannischer Ornamentik versehenen Spitz-

Kreuzgang des Klosters Mont-Saint-Michel: Ruheoase im touristischen Trubel

bogenarkaden ruhen auf schlanken, doppelreihigen Säulen. In den **Salles des Hôtesses** unter dem Kreuzgang begrüßte und bewirtete der Abt die hohen, reichen Gäste, während im Almosensaal die Pilger empfangen und milde Gaben an die Armen verteilt wurden.

Auf dem Rückweg zur Westterrasse beschließt ein grandioser Rundblick über die Bucht, die Küste und das Meer die Fülle der Eindrücke. Kommen Sie am Abend wieder und lassen sich den atemraubenden Sonnenuntergang über der Bucht nicht entgehen.

In den Sommermonaten gibt es außerdem die stimmungsvollen *promenades nocturnes:* Zu sphärischen Klängen dürfen Nachtschwärmer durch rund 20 Säle auf einem etwa 1000 m langen Licht-und-Schatten-Parcours wandeln und sich von der mittelalterlichen Architektur zu Wachträumen inspirieren lassen.

Insider Tipp

EIN TAG IM CALVADOS

Action pur und einmalige Erlebnisse.
Gehen Sie auf Tour mit unserem Szene-Scout

BONJOUR!

8:00

Erstmal den Tag begrüßen und schön frühstücken: Im stylishen *Le 101* schmeckt Joghurt mit frischen Früchten besonders lecker. Wahre Kenner nehmen ihren Kaffee samt Croissant mit auf die Sonnenterrasse vor dem Laden und genießen das französische Flair. Da will man den ganzen Tag sitzen bleiben! **WO?** *101, rue Saint Pierre | Caen*

10:00

FISCHERS FRITZ

Eine knappe Autostunde später kommt man in Port-en-Bessin an. Die Fahrt lohnt sich, denn hier begrüßt Jean-Marc Ledot seine Gäste und watet mit ihnen erst mal ins Meer. Jetzt ist Schnelligkeit gefragt, wenn man mit bloßen Händen die glitschigen Fische aus dem Schlamm angeln will. **WO?** *30, rue de l'Église, Port-en-Bessin | Anmeldung nötig: Tel. 02 31 21 48 53 | www.normandie-peche.com*

SPORTIVER LUNCH

13:00

In der *Auberge du Pont du Coudray* wird nach jedem Gang ein Calvados serviert, und der kommt nach Rumpsteak mit Rohmilchcamembert und Blutwurst mit Kastanien gerade recht! Satt? Dann ab in die gelben Tretboote und zur Verdauung auf der Orne schippern. **WO?** *Le Pont du Coudray | Amaye-sur-Orne | Kosten: 8,50 Euro/30 Min. | www.pontducoudray.fr*

15:00

DSCHUNGEL-FEELING

Nach ca. 15 km Fahrt in Richtung Meer heißt es: Mutige vor! Im Abenteuerpark *West Adventure* baumelt man 20 m über dem Boden im Spinnennetz und rast auf der 200 m langen Giant Death-Slide an den Wipfeln der Bäume vorbei. Special Tipp: Urwaldfans holen sich bei Tarzan Jump und Monkey Bridge den Dschungel nach Frankreich. **WO?** *Rue des Marais, Direction Fontaine-Henry | Reviers | Kosten: 22 Euro/Person | www.west-adventure.com*

24 h

ENTLANG DER KÜSTE

17:00

Noch immer Adrenalin im Blut? Dann schnell aufsatteln, aufsteigen und ab an den Strand, denn hier gehts mit viel Tempo weiter. Im Galopp prescht man die Strände von Omaha oder Utah Beach entlang und reitet so direkt in den Sonnenuntergang. Unvergesslich! **WO?** *Les Écuries de la Cour au Puits | Janville | Kosten: ab 16 Euro | Anmeldung nötig: Tel. 02 31 39 20 87 | www.ecurieslacouraupuits.com*

19:00

COOL DOWN

Auf zur After-Work-Soirée mit *buffet dinatoire*, einem Appetizerbüffet. Drink bestellen, die stylishen Locals beobachten und bei einem Plausch ins Nightlife starten. Übrigens: Die schicke Bar-Lounge ist auch der Place to be für alle, die nach dem Dinner noch einen Cocktail trinken wollen. **WO?** *1 bis, avenue de Tourville | Caen | After-Work-Soirée nur Mi ab 19 Uhr, Do–Sa ab 21.30 Uhr, So–Di geschl. | www.lewhats.com*

EAT & CHILL

20:00

In Partylaune zieht man weiter zum *Le Bungalow 8*: Der angesagte Laden ist Bar und Diningroom mit leckeren Tapas und Fingerfood. Bei chilligem Live-Piano-Sound oder DJ-Beats genießt man die schon berühmten Cocktails und das Ambiente mit barocken Kristalllüstern und Lichteffekten in rosa, lila und allen Schattierungen dazwischen. **WO?** *8, rue de Bernières | Caen | www.bungalow8.fr*

23:00

CULTURE BEAT

Abtanzen zu Livemusik und bei Contemporary Art kann man im *Le Loft*. Hier trifft Nightlife auf Kunst und Musik. Während lokale Bands Rock und New Jazz zum Besten geben, kann man an den Wänden die Werke von französischen Malern wie Chrislaine Dupuy bewundern. Erst fachsimpeln und später die Tanzfläche stürmen. **WO?** *Route de Paris | Caen-Mondeville | www.restaurant-leloft.com*

> FITNESS IM LAND UND AN DER KÜSTE

Die Normandie verspricht aktiven Wasser- und Landratten fast grenzenlosen Genuss und optimale Erholung

> Die Normandie ist ein Dorado für Freizeitaktivitäten, da sie mit nahezu allem aufwartet, was man sich für einen Aktivurlaub – mit und ohne leistungssportliche Ambitionen – wünschen kann.

Die Palette reicht von allen Arten des Wassersports über Radtouren, Wanderungen und Golf bis hin zu Trend- und Funsportarten wie Beachvolleyball, Inlineskating oder Bungeespringen. Eine auch nur annähernd komplette Erwähnung aller Möglichkeiten würde hier den Rahmen bei Weitem sprengen. Eine ausführliche Linksammlung finden Sie auf der Website *www.normandytourism.org*.

ANGELN

Das sind Zaubernamen in Anglerkreisen: Risle, Iton, Avre, Orne, Varenne, Huisne, Sienne, Sée, Touques, Yères, Bresle, Béthune oder Arques. Diese normannischen Flüsse verfügen über Hunderte von idyllischen,

SPORT & AKTIVITÄTEN

aussichtsreichen Fangplätzen. Sehr informativ ist die französische Website für Angler, die über Fischarten, Größen, Regeln und gute Fangstellen informiert: *www.unpf.fr*. Dort auch die Kontaktdaten der normannischen Verbände. Eine zwei Wochen gültige Urlaubsangelkarte kostet 30 Euro.

GOLF

Die Normandie zählt sicher nicht zu den billigsten Golfregionen dieser Erde, mit Sicherheit aber zu den besten. Sie wurde – nicht zuletzt wegen der Rasenqualität und der Lage vieler Plätze – dafür auch schon mehrfach ausgezeichnet. Insgesamt wartet die Normandie mit knapp 40 Plätzen à neun, 18 und 27 Löchern auf, gehäuft an der Côte Fleurie. Weitere Details und Platzbeschreibungen finden Sie auf der Website des Comité Régional de Tourisme, *www.normandy-tourism.org*.

PÊCHE-À-PIED

Eine normannische Leidenschaft ohne jegliche Altersbeschränkung ist das „Fischen zu Fuß" – besonders wenn hohe Gezeitenkoeffizienten bei Ebbe Strand- und Uferzonen freigeben, die sonst unzugänglich bleiben. Dann, aber nicht nur dann, streben Großfamilien vom Säugling bis zum Greis, ausgestattet mit Schaufeln, Forken, Spaten und Eimern mit einer Unzahl Gleichgesinnter gen Meer. Unter Einsatz aller verfügbaren Kräfte wird der feuchte Sand nach Muscheln aller Art durchkämmt, jeder größere Stein umgedreht, weil darunter eine Krabbe sitzen könnte. In jeder Felsspalte vermutet man den Hummer seiner Träume. Das Ganze geschieht zum Leidwesen vieler Biologen, die zu Recht den Raubbau an der Substanz fürchten. So setzten monatelange Schonzeiten dem Treiben schon mehrfach ein – provisorisches – Ende. Die lokalen Offices de Tourisme halten Größenschablonen bereit, denen man vorgeschriebene Mindestgrößen der gesammelten Arten entnehmen kann. Ob es etwas nützt, wird die Zukunft zeigen.

RADFAHREN

In der überwiegend ländlich geprägten Normandie bietet ein dichtes Netz verkehrsarmer Nebenstraßen ein hervorragendes Radrevier. Die schönsten Strecken sind zumeist speziell als Veloroute ausgeschildert. Insider Tipp Dazu kommen etliche autofreie Strecken eigens für Wanderer und Biker *(voies vertes)*. Allerdings sorgen das meist leicht hügelige Gelände und nicht selten der Wind für – maßvolle – sportliche Herausforderungen. Die regionalen und lokalen Touristeninformationen halten umfangreiches Broschüren- und Kartenmaterial bereit bzw. verfügen auf ihren Internetseiten über entsprechende Rubriken. Eine äußerst hilfreiche, kostenlose Website ist *www.geoportail.fr*. Insider Tipp Dort ist, ähnlich wie bei Google Earth, Frankreich in hochwertigen Luftbildern dargestellt. Man kann den gewählten Bereich dann durch Schieberegler in Kartenausschnitte bis zum Messtischblatt-Maßstab oder Stadtplan verwandeln, die eine überaus exakte Routenplanung ermöglichen, inklusive der GPS-Informationen. *www.randovelo.fr*

REITEN

Allein 90 *centres équestres* oder *pony-clubs* bieten in der Region der Pferdezüchter Reitkurse an. Dazu zählen auch Spazierausritte oder Mehrtagesausflüge zu Pferd *(randonnées à cheval)*. Wer gern vom Kutschbock aus die Zügel führt, findet einen gut vorbereiteten *tourisme hippomobile* vor, mit der Möglichkeit, Kaleschen in fünf Einrichtungen *(centres de location)* zu mieten.

TENNIS

Die Normandie ist die größte französische Tennisregion. Hunderte von Clubs vermieten Plätze (Halle ca. 10–15 Euro, draußen ca. 8–10 Euro/Stunde) an Gäste. *www.fft.fr (dort Stichwort „ligues", dann Normandie anklicken)*

WANDERN

Die Normandie ist ein ideales Wandergebiet. Allein die Manche verfügt über acht regionale Fernwanderwege *(sentiers de grande randonnée)* mit ausgearbeiteten Drei- bis Fünftagesrouten zwischen 34 und 106 km. Hilfreich ist die beim *Comité Regional de Tourisme* kostenlos erhältliche Karte *randonnées normandes,* in der zahlreiche *gîtes d'étapes* (ländliche Quartiere in der Nähe von Wanderrouten) und *gîtes de séjour* (Gästehäuser für Gruppen) genannt sind. Besonders schöne Tourenvorschläge (5–14 km) macht das *Comité Départemental de Tourisme de l'Eure (Tel. 02 32 31 51 51 | Fax 02 32 31 05 98)* mit seiner Aktion *L'Eure au rythme des vallées* (Die Eure im Rhythmus der Täler). Informationen: *Fédération Française de Randonnée Pédestre | Tel. 01 44 89 93 93; France Randonnée, | Tel. 02 99 67 42 21 | Fax 02 99 67 42 23 | www.france-randonnee.fr, Stichwort „à pied"*

Insider Tipp

WASSERSPORT

Die 650 km lange normannische Küste besitzt viele badefreundliche Sand- und Kiesstrände. Gleichgültig, ob Sie sich für Segel- oder Motorboote, Surfen, Strandsegeln, Kite-Car, Tauchen oder Wasserskifahren (oder alles nacheinander) begeistern, ob Sie lieber mit Kanu, Ruderboot oder im Kajak unterwegs sein wollen, hier können Sie Ihren Ehrgeiz und Ihre Muskeln einschränkungslos fordern. Vorsicht vor Strömungen und Gezeitenwechseln: Die plötzlich einsetzende Flut hat schon manchen Strandwanderer in den Wattzonen der Westküste des Cotentin in Zeitnot gebracht. Im Trend liegt das offene Meer als Kajakrevier, wie das reichhaltige Angebot der Sportgeschäfte beweist. Einen Überblick gibt die Website *www.francenautisme.com.*

Insider Tipp

Insider Tipp

Die Küste sorgt unter Sportbegeisterten für jede Menge Spaß

> FEINER SAND, TOLLE AUSFLÜGE

An den Küsten wartet Spaß im Strandclub, im Hinterland locken viele Familienattraktionen wie Tier- und Vergnügungsparks

> Die Normandie eignet sich vorzüglich für einen Familienurlaub. Die schönsten Ferienerlebnisse winken Kindern am Meer, vor allem an den feinsandigen, windgeschützten Stränden des westlichen Cotentin in der klimatisch milden Bucht nördlich des Mont-Saint-Michel.

Sind die Kinder aus dem Buddelalter heraus, gewinnen auch die klassischen Seebäder an den Küsten von Calvados und Seine-Maritime an Attraktion. Fast alle verfügen über Strandkindergärten und vielfältige Animation. Das Label „Station Kids" verweist auf besonders kinderfreundliche Strandbäder.

Auch diverse Museen haben Kindergärten eingerichtet, z. B. das Memorial de Caen, damit Eltern ihren Rundgang in aller Ruhe unternehmen können. Das Hinterland der Normandie lockt mit zahlreichen Tier-, Vergnügungs- und Erlebnisparks für alle Altersstufen.

> www.marcopolo.de/normandie

MIT KINDERN REISEN

MANCHE

Insider Tipp

FÉERIQUES DE MONTGOTHIER [124 C5]

Immer im Juli oder August findet in dem Dörfchen Montgothier rund 10 km südöstlich von Avranches das größte historische Theaterspektakel der Normandie statt. Das „Märchendrama" zeigt inszenierte Lebendbilder mit rund 500 Akteuren sowie einigen Dutzenden Pferden, Gespannen und Hunden. Gespielt werden normalerweise Szenen aus der Geschichte der Normandie, inklusive einer Ton-Licht-Schau. *18 Euro, Kinder (5–12 Jahre) 7 Euro | www.feeriques.com*

REPTILARIUM DU MONT-SAINT-MICHEL [124 B6]

300 Land- und Wasserschildkröten aus 20 Arten sind hier zu bestaunen, darunter riesige Exemplare von den Seychellen. Zwischen den *tortues* tummeln sich in großen Wasserbe-

cken auch gefährlichere Zeitgenossen aus der Tierwelt wie Pythons und Nilkrokodile, aber auch Leguane und Chamäleons. *Beauvoir | 62, route du Mont-Saint-Michel | April–Sept. tgl. 10–19, Okt.–März 14–18 Uhr | 11 Euro, Kinder 7–9 Euro | www.le-reptilarium.com*

CALVADOS & ORNE

CHÂTEAU VENDEUVRE [128 B2]

Den Eltern wird das elegante Schloss aus dem 18. Jh. gefallen. Den Kindern hingegen wird es vor allem der herrliche Park antun – wegen seiner „spritzigen" Überraschungen. Mehr verraten wir hier nicht! Auf keinen Fall sollten Sie sich auch im Salon den Kronleuchter mit Goldfischglas entgehen lassen. *6 km südlich von Saint-Pierre-sur-Dives | April tgl. 14 bis 18, Mai–Sept. tgl. 11–18, Okt. So 14–18 Uhr | 6,90–8,90 Euro (je nach Besuchsprogramm), Kinder 5,30 bis 6,90 Euro | www.vendeuvre.com*

Der Strand von Deauville ist für alle da – auch für kleine Strandkrabben

FESTYLAND [125 E3] Insider Tipp

Dieser Themenpark bei Caen baut alle Vergnügungen auf Historie und Entwicklung der Normandie auf – ob als Wikinger im Drakkar Express, auf der Flucht vor den Feinden galoppierend wie Wilhelm der Eroberer, im Pirat'ak auf Seeabenteuerreise oder auf dem Künstlerkarussell. *Route de Caumont, Bretteville-sur-Odon | Mitte April–Sept., stark variierende Öffnungstage und -zeiten (s. Website) | 12 (Hochsaison 13) Euro, Kinder 10 (Hochsaison 11) Euro | www.festyland.com*

LES MUSILUMIÈRES [128 B4]

So eindrucksvoll wie ein Feuerwerk, nur angenehmer fürs Gehör präsentieren sich die Licht- und Musikspiele in Sées, auch *Les voix de la cathédrale* genannt. Die um die Kathedrale wogenden „Stimmen" – Farbstrahlen moderner Lichttechnik zu passender Musikbegleitung – schenken der ganzen Familie einen beglückenden Ferienabend. *Juli bis Sept. Fr- und Sa-Abend | kostenlos*

NATUROSPACE EQUATORIAL [126 A4]

In dem tropischen Garten in Honfleur flattern unter einer Glaskuppel mehr als 1000 exotische Schmetterlinge, die an der normannischen Küste gezüchtet und gepflegt werden. *Boulevard Charles V | Feb., März, Okt., Nov. tgl. 10–13 und 14 bis 17.30, April–Juni und Sept. 10 bis 13 und 14–19, Juli/Aug. 10–19 Uhr | 7,40 Euro, Kinder 5,80 Euro*

ZOO CERZA [126 A5]

Auf eine Tagesreise ins Herz von Afrika, wo sich Löwen, Tiger, Giraffen, Elefanten, Nashörner, Zebras, Bären, Tapire und natürlich haufenweise Affen tummeln – insgesamt 300 Tiere. *Cerza, Manoir Saint-Laurent, Hermival-Les-Vaux (10 km nordöstlich von Lisieux) | April–Sept. tgl. 9.30–18.30, Okt./Nov. und Feb./März 10–17 Uhr | 14,50 Euro, Kinder 7,50 Euro | www.cerza.com*

SEINE-MARITIME & EURE

CHOCOLATRIUM CLUIZEL [126 C6]

Der Schokoladenhersteller Cluizel in Damville eröffnete ein *Musée Technique du Chocolat,* in dem Schleckermäuler viel über Geschichte, Sorten und Fabrikation der süßen oder auch bitteren Masse erfahren. Man darf durch große Scheiben die Produktion beobachten und sich in der Schokoladenboutique mit Leckereien eindecken. *Avenue de Conches | Aug.–Juni Di–Sa 10–18 Uhr | Führung ca. 75 Min. | 5 Euro, Kinder bis 6 Jahre frei, inkl. kleines Geschenk am Ausgang | www.cluizel.com*

CENTRE SPORTIF LERY-POSES [127 D4]

In einer Seineschleife in der Nähe von Rouen liegt das Erholungsgebiet mit dem großen *Lac des Deux Amants* und dem kleineren *Lac du Mesnil* sowie einem Kanu-Kajak-Gewässer und einem Vogelschutzbiotop. In diesem Erlebnispark findet im Juli/August und über Ostern Sportanimation für Kinder ab acht Jahren statt. Auch die Erwachsenen können sich bei Segelkursen oder auf Wasserskiern weiterbilden. *Base de Loisirs de Lery-Poses, Centre Sportif | Tel. 02 32 59 13 13 | www.basedeloisirs-lery-poses.fr*

PARC DU CLÈRES [126 C3]

Fliegende Fahrräder, Niagarafälle und 80 weitere Spiele und Abenteuer gefällig? Dann auf nach Clères nördlich von Rouen in den *Parc d'Attractions du Bocasse (Mitte Juni bis Aug. tgl. 10–18 Uhr, Ostern–Mitte Juni und Anfang–Mitte Sept. auf Anfrage | Tel. 02 35 33 22 25 | 11,50 Euro Einheitstarif ab 3 Jahren, Nebensaison 10,50 Euro | www.parcdubocasse.fr).* Und im *Parc Zoologique de Clères* leben rund ums Schloss 1550 Vögel, darunter Schwäne, Enten, exotische Gänse, Flamingos und viele bedrohte Schwimmvogelarten. 200 weitere Tiere, darunter Antilopen, Kängurus und andere Tiere aus fernen Ländern, spazieren fast frei herum. *32, avenue du Parc | Mitte März–Sept. tgl. 10–19, Okt. 10 bis 17.30, Nov. 13–17 Uhr | 4,60 Euro, Kinder 3 Euro*

Immer wieder beliebt bei Groß und Klein ist ein Streichelzoo

> VON ANREISE BIS ZOLL

Urlaub von Anfang bis Ende: die wichtigsten Adressen und Informationen für Ihre Normandiereise

ANREISE

AUTO

Wer will, kann den Großraum Paris mit dem berüchtigten Boulevard Périphérique vermeiden. Bei Anreise aus der Südhälfte Deutschlands: Auf der A 4 westlich von Reims der Beschilderung Rouen folgen und dann über die A 26 und A 29 via Saint-Quentin und Amiens nach Neufchâtel-en-Bray. Diese Strecke ist geringfügig länger als die Route über Paris, meist aber viel schneller und vor allem stressfreier. Bei Anreise aus der Nordhälfte Deutschlands: Aachen–Lüttich–Valenciennes oder Eindhoven–Antwerpen–Lille und weiter über Amiens in die Normandie.

BAHN

Aus dem Norden Deutschlands mit dem Thalys nach Paris-Gare du Nord, aus dem Süden auf der neuen Hochgeschwindigkeitstrasse via Straßburg nach Paris-Gare de l'Est. In Paris per Metro, Bus oder Taxi zu den verschiedenen Abfahrtsbahnhöfen: von der Gare Saint-Lazare nach Rouen, Caen, Cherbourg, von der Gare du Nord über Beauvais nach Le Tréport und von Paris-Montparnasse nach Argentan und Granville. *www.sncf.com*

FLUGZEUG

Von allen größeren Flughäfen aus bestehen tägliche Verbindungen nach Paris. Der Weiterflug zu verschiede-

PRAKTISCHE HINWEISE

nen Provinzflughäfen in der Normandie (Rouen, Le Havre, Caen, Dieppe, Cherbourg) ist wegen des erforderlichen Flughafenwechsels in Paris und wegen der enormen Kosten nicht sinnvoll. Besser die Bahn benutzen! Billigflüge in die Normandie gibt es bisher nicht.

AUSKUNFT

Von der Maison de la France erhalten Sie über die kostenpflichtigen Kontaktnummern allgemeine Reiseinfos und Prospekte. Das *Comité Régional de Tourisme* in Évreux antwortet auf E-Mails und Anfragen. Im Detail kennen die Mitarbeiter der fünf *comités départementaux de tourisme* ihre Region. In den mehreren Hundert lokalen *offices de tourisme* kann man spezielle Auskünfte über den jeweiligen Ort bekommen.

MAISON DE LA FRANCE

– Postfach 10 01 28 | 60001 Frankfurt | Tel. 0190/57 00 25 | Fax 59 90 61
– Argentinier Str. 41 a | 1040 Wien | Tel. 0900/25 00 15 | Fax 503 28 71
– Rennweg 42 | 8023 Zürich | Tel. 0900/90 06 99 | Fax 01/217 46 17
– www.franceguide.com

REGION NORMANDIE

Comité Régional de Tourisme Évreux | Tel. 0033/232 33 79 00 | Fax 232 31 19 04 | www.normandy-tourism.org

DEPARTEMENT SEINE-MARITIME

Comité Départemental du Tourisme | Tel. 0033/235 12 10 10 | Fax 235 59 86 04 | www.seine-maritime-tourisme.com

WAS KOSTET WIE VIEL?

KAFFEE	**2 EURO** in der Stehbar für eine Tasse Espresso
EIS	**2–3 EURO** für zwei Kugeln Eis
WEIN	**3–4 EURO** für ein Glas Wein
SNACK	**2–3 EURO** für ein *sandwich au fromage*
BENZIN	**1,30–1,40 EURO** für einen Liter Super
FAHRRAD	**10–15 EURO** für die Miete pro Tag

DEPARTEMENT EURE

Comité Départemental du Tourisme | Tel. 0033/232 62 04 27 | Fax 232 31 05 98 | www.tourisme-eure.com

DEPARTEMENT CALVADOS

Comité Départemental de Tourisme | Tel. 0033/231 27 90 30 | Fax 231 27 90 35 | www.calvados-tourisme.com

DEPARTEMENT MANCHE
Comité Départemental de Tourisme | Tel. 0033/233 05 98 70 | Fax 233 56 07 03 | www.manchetourisme.com

DEPARTEMENT ORNE
Comité Départemental de Tourisme | Tel. 0033/233 28 88 71 | Fax 233 29 81 60 | www.ornetourisme.com

AUTO

Höchstgeschwindigkeiten: auf Autobahnen 130 (bei Regen 110) km/h, auf Schnellstraßen 110 (100) km/h, auf National- und Departementsstraßen (N, D) 90 (80) km/h, in geschlossenen Ortschaften 50 km/h. Die Promillegrenze beträgt 0,5. Motorräder müssen auch tagsüber mit Abblendlicht fahren. Dies gilt für alle Verkehrsteilnehmer bei Regen und bei Nebel.

Sehr dichten Verkehr gibt es auf den Nationalstraßen. Trotz der Mautgebühren *(péage)* lohnt es sich daher, die Autobahn zu benutzen, wenn Sie rasch vorankommen möchten. Rechnen Sie mit ca. 6 Euro für 100 km. Manche Strecken wie die A 84 Caen–Mont-Saint-Michel sind gebührenfrei. Am schnellsten passiert man die Mautstationen, indem man mit Kreditkarte zahlt. Den Abschleppdienst *(dépanneur-remorqueur)* vermittelt die Polizei. *(Tel. 17).*

Beim Tanken bringen Preisvergleiche bis zu 15 Cent pro Liter an Ersparnis. Die niedrigsten Preise finden sich in aller Regel an den Zapfsäulen der Supermärkte, die höchsten auf der Autobahn. Die aktuellen Preise nahezu aller Tankstellen: *www.prix-carburants.gouv.fr*

CAMPING

Die Kategorien der herkömmlichen Campingplätze reichen von einfachem Komfort bis zur Luxusklasse. Daneben werden Plätze auf *aires naturelles de camping* (kleine Campingplätze in freier Natur) und *camping à la ferme* (auf schön gelegenen Bauernhöfen, allerdings mit wenig Komfort) angeboten. Wildes Camping ist am Strand und in vielen touristischen Gebieten verboten. Einen Überblick über die Qualität der 36 *campings labellisés* der Normandie bietet die Website *www.normandie-qualitetourisme.com*.

DIPLOMATISCHE VERTRETUNGEN

DEUTSCHE BOTSCHAFT
13/15, avenue Franklin D. Roosevelt | Paris | Tel. 01 53 83 45 00 | www.amb-allemagne.fr

ÖSTERREICHISCHE BOTSCHAFT
6, rue Fabert | Paris | Tel. 01 40 63 30 63 | Fax 01 45 55 63 65 | paris-ob@bmaa.gv.at

SCHWEIZER BOTSCHAFT UND KONSULAT
142, rue de Grenelle | Paris | Tel. 01 49 55 67 00 | Fax 01 45 51 34 77

GELD & KREDITKARTEN

Kreditkarten (vor allem Visa und Mastercard/Eurocard) sind in Frankreich überall ein sehr gängiges Zahlungsmittel, auch für kleinere Beträge. Geldautomaten sind praktisch überall vorhanden.

GESUNDHEIT

Ein grünes Kreuz zeigt an, wo es eine *pharmacie* gibt. Die European Health

Insurance Card EHIC, die den alten Auslandskrankenschein abgelöst hat, wird in der Theorie zwar anerkannt und bei umfangreichen medizinischen Leistungen als Nachweis einer ordnungsgemäßen Versicherung im Heimatland akzeptiert; Konsultationen beim Arzt sind jedoch normalerweise bar zu bezahlen (Kosten ca. 21–25 Euro). Nach der Rückkehr werden diese Auslagen für Arzt und ggf. Apotheke dann nach den Sätzen des Heimatlands erstattet. Eine Reisekrankenversicherung deckt eventuelle Kosten ab, die von der Kasse nicht übernommen werden.

INTERNET

Fast alle Touristikbüros der Städte und Regionen besitzen eine eigene Website, und selbst viele kleine Herbergen verfügen inzwischen über einen eigenen Internetauftritt. Informationen über die größeren Hotels, speziell solche, die zu einer Kette gehören, sind oft unter übergreifenden Hotelbuchungswebsites zu finden. Gute Websites mit allgemeinen Informationen zu Frankreich bzw. der Normandie sind z. B. *www.frankreich.de*, *www.franceguide.com* und *www.normandy-tourism.org*. Aktuelle Presseartikel über Frankreich und die Normandie findet man auf *www.frankreich-heute.de*. Eine wahre Fundgrube zu politischen, wirtschaftlichen und historischen Aspekten der Normandie ist *http://de.wikipedia.org/wiki/Normandie*. Auf *www.maville.com* gibt es in Französisch Infos aus verschiedenen Städten der Basse Normandie. Eine kostenlose Viertageprognose für alle Regionen oder Departements Frankreichs bekommen Sie unter *www.meteofrance.com*, Infos zu Hotels, Schlössern und Restaurants u. a. auf *www.chateauxandcountry.com* und *www.normandie-qualite-tourisme.com*.

INTERNETCAFÉS & WLAN

Internetcafés sind in der Normandie vergleichsweise selten. Einen aktuellen Überblick über alle Adressen finden Sie auf *www.cybercafe.fr* (dort das gewünschte Departement anklicken). Auch was die Dichte an WLAN-Hotspots (frz.: *Wi-Fi*) betrifft, liegt Frankreich noch deutlich hinter Deutschland. Viele Städte bieten aber, etwa in öffentlichen Bibliotheken oder Multimediazentren, kostenlos oder gegen sehr geringe Gebühr Internetzugang. Einige davon haben sich zu einer Organisation zusammengeschlossen, zu finden unter *www.villes-internet.net*. Unter *www.orange-wifi.com/listehotspots.htm* finden Sie eine Liste von Hotspots des größten französischen Telefonanbieters Orange inklusive Lageplänen.

JUGENDHERBERGEN

Mit einem internationalen Mitgliedsausweis kommen Sie auch ohne Altersbegrenzung in einer der zahlreichen, oft schön gelegenen Jugendherbergen unter. In der Hochsaison sollten Sie jedoch reservieren. Ein vollständiges Verzeichnis erhalten Sie über die *Fédération Unie des Auberges de la Jeunesse | 27, rue Pajol | 75018 Paris | Tel. 0033/144 89 87 27 | www.fuaj.org*.

KLIMA & REISEZEIT

Dem meist recht kurzen und relativ milden, dafür aber vergleichsweise regenreichen und häufig windigen Winter folgt der meteorologische Frühling schon einige Wochen früher als in den meisten deutschen Regionen. Die offizielle Badesaison geht von Mitte Juni bis Mitte September. In den Küstenregionen bleibt die sommerliche Hitze stets erträglich. Die Nachsaison hält oft bis in den Spätherbst noch Tage mit 20 Grad bereit, und das Meer erreicht zum Teil noch im Oktober bis zu 17 Grad.

Die absolute Hochsaison mit entsprechenden Preisen für Hotels, Ferienwohnungen etc. ist meist auf Juli/August begrenzt. Wer kann, kommt direkt vorher oder nachher. Die Preise liegen dann um ca. ein Drittel niedriger. Viele Hotels und Restaurants haben im Winter ein paar Wochen Betriebsferien, einige Hotels – vor allem an der Küste – schließen auch das ganze Winterhalbjahr. Im Landesinneren wiederum haben mehrere Häuser während den Schulferien im Juli/August zwei oder drei Wochen geschlossen.

NOTRUF

Allgemeiner Notruf (Polizei, Feuerwehr, Krankenwagen): *Tel. 112*

ÖFFENTLICHE VERKEHRSMITTEL

Frankreich besitzt ein ausgezeichnetes Eisenbahnnetz. In den ländlichen Regionen wird es durch einen gut ausgebauten Autobuslinienverkehr ergänzt. Die Fahrkarten müssen Sie vor Besteigen des Zuges an den Stempelautomaten im Bahnhof entwerten. *www.sncf.com*

ÖFFNUNGSZEITEN

Frische Baguettes können Sie in Bäckereien schon ab 6.30 oder 7 Uhr kaufen. Lebensmittelgeschäfte öffnen gegen 8 Uhr, Kaufhäuser, Läden

WETTER IN DEAUVILLE

	Jan.	Feb.	März	April	Mai	Juni	Juli	Aug.	Sept.	Okt.	Nov.	Dez.
Tagestemperaturen in °C	9	9	12	14	17	21	22	23	22	17	14	12
Nachttemperaturen in °C	5	5	6	8	10	14	16	16	15	12	9	6
Sonnenschein Std./Tag	2	2	6	6	8	8	9	8	6	3	2	2
Niederschlag Tage/Monat	16	13	11	10	9	8	10	10	13	14	15	16
Wassertemperaturen in °C	11	10	10	10	12	14	17	18	18	17	14	12

und Boutiquen um 9 oder 10 Uhr. Abgesehen von den großen Supermarktzentren schließen die meisten Geschäfte in der Mittagszeit von 12 bis 14 Uhr. Ladenschluss ist meist gegen 19/19.30 Uhr. Manche Bäckereien und Supermärkte vor allem in touristischen Gebieten haben auch am Sonntagvormittag geöffnet, dafür sind montags viele Läden geschlossen.

POST

Die meisten Postämter *(Poste/PTT)* sind Mo–Fr von 9 bis 12 und von 14 bis 17, Sa von 9 bis 12 Uhr geöffnet. Das Porto für Briefe und Karten bis 20 g in EU-Länder und die Schweiz beträgt 60 Cent.

STROM

Die Netzspannung beträgt 220 Volt. Flachstecker passen auch in französische Steckdosen, für Schukostecker Adapter mitnehmen.

TELEFON & HANDY

Von jeder Telefonzelle können Auslandsgespräche geführt werden. In den inzwischen seltenen Telefonzellen braucht man eine *télécarte,* die in Postämtern, Tabakläden, bei der Télécom und an manchen Kiosken erhältlich ist (zwei Varianten à 5 und 10 Euro für Gespräche in Frankreich oder innerhalb Europas).

Gespräche aus Frankreich: Vorwahl Deutschland *0049,* Vorwahl Österreich *0043,* Vorwahl Schweiz *0041,* danach Ortsvorwahl ohne die Null und dann die Rufnummer. Gespräche nach Frankreich: Vorwahl Frankreich *0033,* dann direkt die Rufnummer ohne die Null am Anfang.

Wer ein Handy mit Prepaidkarte nutzt, sollte sich nach den Modalitäten erkundigen. Ansonsten ist mobiles Telefonieren im Ausland teuer, Sie bezahlen auch, wenn Sie von zu Hause angerufen werden. Stellen Sie die Mailbox noch im Heimatland ab! Die französischen Netzbetreiber halten sich dabei an die europaweit vereinbarten Deckelungsbeschlüsse für die Kosten von Auslandsgesprächen. Für SMS steht eine derartige Regelung derzeit noch aus.

TRINKGELD

Trinkt man nur einen Kaffee, lässt man ein paar Münzen auf dem Tisch liegen. Wenn man genug Kleingeld hat, muss man den Kellner nicht zum Zahlen herbeirufen, meist wird ein Preiszettel gleich zur Bestellung gelegt. Im Restaurant, im Taxi und beim Friseur rundet man üblicherweise um fünf bis zehn Prozent auf.

ZEITUNGEN

In der *maison de la presse,* in Papierwaren-, Buch- und Tabakläden gibt es reichlich französische und ausländische Presse. Wer Französisch beherrscht, erfährt viel in den lokalen Zeitungen. Kino- und Veranstaltungshinweise erscheinen meist mittwochs unter dem Stichwort „Loisirs“.

ZOLL

In der EU gibt es keine Ein- und Ausfuhrbeschränkungen, sofern die Waren für den privaten Gebrauch bestimmt sind (Richtwerte hierfür sind z. B. 800 Zigaretten, 90 l Wein, 10 l Spirituosen). Für Schweizer gelten erheblich geringere Freimengen, u. a. 200 Zigaretten und 2 l Wein.

> TU PARLES FRANÇAIS?

„Sprichst du Französisch?" Dieser Sprachführer hilft Ihnen, die wichtigsten Wörter und Sätze auf Französisch zu sagen

Aussprache

Zur Erleichterung der Aussprache sind alle französischen Wörter mit einer einfachen Aussprache (in eckigen Klammern) versehen.

AUF EINEN BLICK

Ja./Nein.	Oui. [ui]/Non. [nong]
Vielleicht.	Peut-être [pöhtätr]
Bitte.	S'il vous plaît. [sil wu plä]
Danke.	Merci. [märsi]
Gern geschehen.	De rien. [dö rjäng]
Entschuldigen Sie!	Excusez-moi! [äksküseh mua]
Wie bitte?	Comment? [kommang]
Ich verstehe Sie/dich nicht.	Je ne comprends pas. [schön kongprang pa]
Ich spreche nur wenig Französisch.	Je parle un tout petit peu français. [schparl äng tu pti pöh frangsä]
Können Sie mir bitte helfen?	Vous pouvez m'aider, s.v.p.? [wu puweh mehdeh sil wu plä]
Sprechen Sie Deutsch/Englisch?	Vous parlez allemand/anglais? [wu parleh almang/anglä]
Ich möchte …	J'aimerais … [schämrä]
Das gefällt mir nicht.	Ça ne me plaît pas. [san mö plä pa]
Haben Sie …?	Vous avez …? [wus‿aweh]
Wie viel kostet es?	Combien ça coûte? [kongbjäng sa kut]
Wie viel Uhr ist es?	Quelle heure est-il? [käl‿ör ät‿il]

KENNENLERNEN

Guten Morgen/Tag!	Bonjour! [bongschur]
Guten Abend!	Bonsoir! [bongsuar]
Hallo!/Grüß dich!	Salut! [salü]
Wie ist Ihr Name, bitte?	Comment vous appelez-vous? [kommang wus‿apleh wu]
Wie heißt du?	Comment tu t'appelles? [kommang tü tapäl]
Wie geht es Ihnen/dir?	Comment allez-vous/vas-tu? [kommangt‿aleh wu/wa tü]
Danke. Und Ihnen/dir?	Bien, merci. Et vous-même/toi? [bjäng märsi. eh wu mäm/tua]

SPRACHFÜHRER FRANZÖSISCH

Auf Wiedersehen!	Au revoir! [oh röwuar]
Tschüss!	Salut! [salü]
Bis bald!	A bientôt! [a bjängtoh]

UNTERWEGS

AUSKUNFT

links/rechts	à gauche [a gohsch]/à droite [a druat]
geradeaus	tout droit [tu drua]
nah/weit	près [prä]/loin [luäng]
Bitte, wo ist …?	Pardon, où se trouve …, s.v.p.? [pardong, us truw … sil wu plä]
Wie weit ist das?	C'est à combien de kilomètres d'ici? [sät‿a kongbjängd kilomätrö disi]

TANKSTELLE

Wo ist bitte die nächste Tankstelle?	Pardon, Mme/Mlle/M., où est la station-service la plus proche, s.v.p.? [pardong madam/madmuasäl/mösjöh u ä la stasjong särwis la plü prosch sil wu plä]
Ich möchte … Liter.	… litres, s'il vous plaît. [litrö sil wu plä]
Voll tanken, bitte.	Le plein, s.v.p. [lö pläng sil wu plä]

PANNE/UNFALL

Ich habe eine Panne.	Je suis en panne. [schö süis‿ang pan]
Würden Sie mir bitte einen Abschleppwagen schicken?	Est-ce que vous pouvez m'envoyer une dépanneuse, s.v.p.? [äs‿kö wu puweh mangwuajeh ün deh panöhs sil wu plä]
Gibt es hier in der Nähe eine Werkstatt?	Est-ce qu'il y a un garage près d'ici? [äs‿kil‿ja äng garasch prä disi]
… ist defekt.	… est défectueux. [ä dehfäktüöh]
Hilfe!	Au secours! [oh skur]
Achtung!/Vorsicht!	Attention! [atangsjong]
Rufen Sie bitte schnell …	Appelez vite … [apleh wit]
… einen Krankenwagen.	… une ambulance. [ün‿angbülangs]
… die Polizei.	… la police. [la polis]

AM MEER

der Leuchtturm	le phare [lö far]
der Hafen	le port [lö por]

der Fischerhafen/Yachthafen	le port de pêche/de plaisance [lö por dö päsch/dö pläsangs]
der Strand	la plage [la plahsch]
die Ebbe/die Flut	la marée basse/haute [la mareh bass/oht]
Baden (verboten)	baignade (interdite) [bänjad ängterdit]
die Strömung	le courant [lö kurang]

ESSEN/UNTERHALTUNG

Wo gibt es hier …	Vous pourriez m'indiquer… [wu purjeh mängdikeh]
… ein gutes Restaurant?	… un bon restaurant? [äng bong rästorang]
… ein nicht zu teures Restaurant?	… un restaurant pas trop cher? [äng rästorang pa troh schär]
Reservieren Sie uns bitte für heute Abend einen Tisch für vier Personen.	Je voudrais réserver une table pour ce soir, pour quatre personnes. [schwudrä räsehrweh ün tablö pur sö suar pur kat pärsonn]
Wo sind bitte die Toiletten?	Où sont les W.-C., s.v.p.? [u song leh wehseh sil wu plä]
Auf Ihr Wohl!	A votre santé!/A la vôtre! [a wottr sangteh/a la wohtr]
Bezahlen, bitte.	L'addition, s.v.p. [ladisjong sil wu plä]
Hat es geschmeckt?	C'était bon? [sehtä bong]
Das Essen war ausgezeichnet.	Le repas était excellent. [lö röpa ehtät‿äksälang]

ÜBERNACHTUNG

Können Sie mir bitte ein gutes Hotel empfehlen?	Pardon, Mme/Mlle/M., vous pourriez recommander un bon hôtel? [pardong madam/madmuasäl/mösjöh wu purjeh rökommangdehäng bonn‿ohtäl]
Haben Sie noch …	Est-ce que vous avez encore … [äs‿kö wus‿aweh angkorr]
… ein Einzelzimmer?	… une chambre pour une personne? [ün schangbr pur ün pärsonn]
… ein Zweibettzimmer?	… une chambre pour deux personnes? [ün schangbr pur döh pärsonn]
… mit Bad?	… avec salle de bains? [awäk sal dö bäng]

… für eine Nacht?	… pour une nuit? [pur ün nüi]
… für eine Woche?	… pour une semaine? [pur ün sömän]
Was kostet das Zimmer mit Frühstück?	Quel est le prix de la chambre, petit déjeuner compris? [käl‿ä lö prid la schangbr pti dehschöneh kongpri]

PRAKTISCHE INFORMATIONEN

ARZT

Können Sie mir einen guten Arzt empfehlen?	Vous pourriez recommander un bon médecin, s.v.p.? [wu purjeh rökommangdeh äng bong mehdsäng sil wu plä]
Ich habe Fieber.	J'ai de la fièvre. [schä dla fjäwr]
Ich habe hier Schmerzen.	J'ai mal ici. [scheh mal isi]

POST

Was kostet …	Quel est le tarif pour affranchir … [käl‿ä lö tarif pur afrangschir]
… eine Postkarte …	… des cartes postales … [deh kart postal]
… nach Deutschland?	… pour l'Allemagne? [pur lalmanj]

ZAHLEN

0	zéro [sehroh]	20	vingt [wäng]
1	un, une [äng, ühn]	21	vingt et un, une [wängt‿eh äng, ühn]
2	deux [döh]	22	vingt-deux [wängt döh]
3	trois [trua]	30	trente [trangt]
4	quatre [katr]	40	quarante [karangt]
5	cinq [sängk]	50	cinquante [sängkangt]
6	six [sis]	60	soixante [suasangt]
7	sept [sät]	70	soixante-dix [suasangt dis]
8	huit [üit]	80	quatre-vingt [katrö wäng]
9	neuf [nöf]	90	quatre-vingt-dix [katrö wäng dis]
10	dix [dis]	100	cent [sang]
11	onze [ongs]	200	deux cents [döh sang]
12	douze [dus]	1000	mille [mil]
13	treize [träs]	2000	deux mille [döh mil]
14	quatorze [kators]	10000	dix mille [di mil]
15	quinze [kängs]		
16	seize [säs]		
17	dix-sept [disät]		
18	dix-huit [disüit]	1/2	un demi [äng dmi]
19	dix-neuf [disnöf]	1/4	un quart [äng kar]

> Die Seiteneinteilung für den Reiseatlas finden Sie auf dem hinteren Umschlag dieses Reiseführers.

REISEATLAS NORMANDIE

A
B
C
1
2
3
4
5
6
Alderney (Aurigny)
Raz Blanchard
Cap de la Hague
Auderville
Nez de Jobourg
Omonville-la-Rogue
Beaumont-Hague
Équeurdreville-Hainneville
Rosslare Harbour
Southampton Poole
Portsmouth
Cherbourg-Octeville
Querqueville
Cap Lévy
Fermanville
St-Pierre-Église
Pointe de Barfleur
Barfleur
Tourlaville
Gonneville
Ste-Croix-Hague
Vauville
Anse de Vauville
Biville
Helleville
Martinvast
Brix
Saire
le Vast
Quettehou
St-Vaast-la-Hougue
Aumeville-Lestre
Quinéville
Îles St-Marcouf
Valognes
Montebourg
Ravenoville
Monument Leclerc
Utah Beach
Rade de Grandcamp
Poole
Portsmouth
Diélette
Cap de Flamanville
Flamanville
Guernsey
Les Pieux
le Rozel
la Mare-du-Parc
Surtainville
Bricquebec
Cotentin
Beaubigny
Orglandes
Pont-l'Abbé
Ste-Mère-Église
Ste-Marie-du-Mont
Passage de la Déroute
St-Sauveur-le-Vicomte
Carteret
Barneville-Carteret
Cap de Carterel
Portbail
St-Lô-d'Ourville
Parc Nat. Rég. des Marais du Cotentin et du Bessin
Abb. de Blanchelande
Brévands
Isigny-s.-Mer
Carentan
Jersey
Trinity
Mont Orgueil
Gorey
St. Helier
la Rocque Point
la Cosnardière
la Haye-du-Puits
St-Jores
St-Germain-s.-Ay
Lessay
Sèves
Taute
Sainteny
Les Champs-de-Losques
St-Jean-de-Daye
Vire
Pirou
Périers
le Mesnil-Eury
Anneville-s.-Mer
St-Sauveur-Lendelin
Montsurvent
Marigny
Blainville-s.-Mer
Tourville-s.-S.
Agon-Coutainville
Heugueville-s.-S.
Coutances
Cerisy-la-Salle
Soulles
Canisy
Roches de Ham
Tessy-sur-Vire
Montmartin-sur-Mer
Villebaudon
Sienne
Lengronne
Hambye
Percy
Gavray
Abb. de Hambye
St-Martin-de-Bréhal
Bréhal
Îles Chausey
Granville
Donneville-les-Bains
Pointe du Roc
Villedieu-l.-P.
Villedieu-les-Poêles
Saint-Pair-sur-Mer
Abb. de Lucerne
Beauchamps
La Haye-Pesnel
Carolles
Côte d'Émeraude
Plymouth
Saint-Jean-le-Thomas
Sartilly
St-Pois
Pointe du Grouin
Brécey
Chérence-le-Roussel
Baie du Mont-St-Michel
Genêts
Avranches
St-Ovin
Juvigny-le-Tertre
St-Malo /St-Maloù
Dinard Dinarzh
Paramé
Cancale
Kankaven
St-Servan-s.-Mer
St-Benoît-des-Ondes
Le Mont-St-Michel
Courtils
Ducey
Isigny-le-Buat
St-Briac-sur-Mer
Cherrueix
La Gouesnière
Le Vivier-s.-M.
St-Broladre
Le Mont Saint Michel
Ploubalay
Plouvalae
Pleurtuit
Châteauneuf-d'Ille-et-Vilaine
Dol-de-Bretagne
Pontorson
Hamelin
Trigavou
Rance
Menhir de Champ Dolent
la Croix-Avranchin
St-James
La Boussac
Pleine-Fougères
Trans
Louvigné-du-Désert
Beuvron
Dinan
Lanvallay
Lanhélin
Coglès
St-Pierre-de-Plesguen
Antrain
Bonne-Fontaine
Landéan
St-Ellier-d.-Maine
Bourbansais
St-Brice
St-Etienne
E03
E46
E401
A84
E03

D
E
F
20 km
Portsmouth
Cap d'Antifer
Port pétrolier du Havre-Antifer
Saint-Jouin-Bruneval
Baie de la Seine
La Route de l'Ivoire et des Epices
Octeville-s.-Mer
LE HAVRE
Côte de Nacre
Côte Fleurie
Omaha Beach
St-Laurent-s.-Mer
Port-en-Bessin-Huppain
Colleville-s.-M.
Longues-sur-Mer
Musée du Débarquement
Arromanches-les-Bains
Gold Beach
Juno Beach
St-Aubin-s.-Mer
Langrune-s.-M.
Sword Beach
Lion-s.-M.
Bernières-s.-Mer
Reviers
Fontaine-Henry
Ouistreham
Mathieu
Creully
St-Vigor-le-Gd
Bayeux
Rubercy
St-Loup-Hors
Le Molay-Littry
Abb. de Mondaye
Vaubadon
Balleroy
Tilly-s.-Seulles
Hérouville-St-Clair
Campagne
CAEN
de Caen
Giberville
Hérouvillette
Juvigny-s.-S.
Villers-Bocage
Landes-s.-Ajon
Evrecy
Pont-Hébert
Caumont-l'Eventé
Aunay-s.-O.
Jurques
St-Martin-des-Besaces
Torigni-sur-Vire
Campeaux
Mont Pinçon
Danvou-la-Ferrière
Suisse Normande
Clinchamps-s.-Orne
Bretteville-s.-Laize
Grainville-Langannerie
Thury-Harcourt
Clécy
Pierrefitte-en-Cinglais
Croix de la Faverie
Vallée de l'Orne
St-Vigor-d.-Mézerets
Estry
Pont-d'Ouilly
Fourneaux-le-Val
Roche d'Oëtre
Condé-sur-Noireau
Vassy
Viessoix
Vire
St-Pierre-d'Entremont
Athis-de-l'Orne
Taillebois
Tinchebray
Landisacq
Flers
Landigou
Sourdeval
Ger
Beauchêne
La Ferrière-aux-Etangs
Briouze
Lonlay-l'Abbaye
Parc
Dompierre
La Sauvagère
La Ferté-Macé
Domfront
Barenton
Passais-la-Conception
Ceaucé
Couterne
Bagnoles-de-l'Orne
Naturel
Juvigny-s.-Andaine
Couptrain
L'Epinay-le-Comte
Lassay-les-Châteaux
Ambrières-les-Vallées
Gorron
Javron
Pré-en-Pail
St-Pierre
Alençon
Mont des Avaloirs
St-Denis-sur-Sarthon
Normandie
Régional
Forêt Domaniale d'Écouves
Carrouges
Joué-du-Bois
La Lande-de-Goult
Rânes
Bouce
Château d'O
Mortrée
Argentan
Écouché
Fromentel
Putanges-Pont-Ecrepin
Le Bourg-St-Léonard
Pierrefitte
Vignats
Crocy
Trun
Falaise
Ussy
Jort
St-Pierre-s.-D.
Mézidon-Canon
St-Sylvain
Maizières
Boissey
Argences
Troarn
Corbon
Beuvron-en-Auge
Léaupartie
Cambremer
la Boissière
Dozulé
Cabourg
Annebault
Brucourt
Dives-sur-Mer
Merville-Franceville-Plage
Falaise des Vaches Noires
Villers-s.-Mer
Trouville-s.-Mer
Deauville
Villerville
Valsemé
Calvados
Orne
Normandie
Laizon
Dives
Odon
Orne
Seulles
Aure
Drôme
Rouvre
Mayenne
Druance
E46
E401
A84
A88
158
2010

128

A
B
C
1
2
3
4
5
6
20 km
La Manche
Newhaven
Côte d'Albâtre
Phare d'Ailly
Dieppe
Varengeville-s.-M.
Quiberville
Veules-les-Roses
St-Valery-en-Caux
Veulettes-sur-Mer
St-Martin-aux-Buneaux
St-Pierre-en-Port
Bourg-Dun
Ouville-la-Rivière
Offranville
Luneray
Néville
Fontaine-le-Dun
Brachy
Cany-Barville
La Route de l'Ivoire et des Epices
Bacqueville-en-Caux
Sennevillesur F.
N.-D. du Salut
Fécamp
Ourville-en-Caux
Grainville-la-Teinturière
St-Laurent-en-Caux
Auzouville-s.-Saâne
Fultot
Belmesnil
Yport
Valmont
Héricourt-en-Caux
Doudeville
Falaise d'Aval
Étretat
Cap d'Antifer
les Loges
Annouville-Vilmesnil
Ypreville-Biville
Cliponville
Yerville
Tôtes
Criquetot-l'Esneval
Bailleul
Goderville
Fauville-en-Caux
Autretot
Bolleville
Yvetot
St-Ouen-du-Breuil
Limésy
Gonneville-la-Mallet
Rouville
Virville
Epouville
Seine-Maritime
Allouville-Bellefosse
Fréville
Sierville
Pavilly
Filières
Bolbec
Trouville
Barentin
Montivilliers
Gonfreville-l'O.
St-Romain-de-Colbosc
Lillebonne
Caudebec-en-Caux
St-Wandrille-Rançon
Montville
Malaunay
Harfleur
Chât. d'Orcher
Tancarville
Notre-Dame-de-Gravenchon
Villequier
Duclair
LE HAVRE
Pont de Tancarville
La Mailleraye-s.-Seine
Le Trait
Canteleu
Portsmouth
Pont de Normandie
Berville-s.-Mer
Quillebeuf-s.-Seine
Vallée de la Seine
Parc Nat. Rég. de Brotonne
Jumièges
St-Martin-de-Boscherville
Pennedepie
Villerville
Honfleur
Bourneville
Hauville
Le Grand-Quevilly
St-Étienne-du-Rouvray
Yville-s.-Seine
Routot
Touques
St-Maclou
Toutainville
St-Ouen-de-T.
la Bouille
Grand-Couronne
St-Gatien-des-Bois
Beuzeville
Pont-Audemer
Appeville-Annebault
Bourg-Achard
Cléon
Montfort-s.-Risle
Bourgthéroulde-Infreville
Pont-l'Evêque
Campigny
Risle
Elbeuf
Epaignes
Blangy-le-Château
Cormeilles
Lieurey
Pont-Authou
Autoroute de Normandie
St-Georges-du-Vièvre
le Bec-Hellouin
Brionne
la Haye-du-Theil
la Haye-Malherbe
Le Gros-Theil
Amfreville-la-Campagne
Louviers
Valsemé
le Breuil-en-Auge
Moyaux
Quatremare
Brionne Harcourt
Champ de Bataille
Cambremer
Lisieux
Bernay
Thiberville
Fontaine-la-Soret
Le Neubourg
la Boissière
St-Martin-de-la-Lieu
Serquigny
St-Victor-de-Chrétien
Quittebeuf
St-Julien-le-Faucon
St-Germain-la Campagne
Beaumont-le-Roger
Emanville
Grandchain
Boissey
Fervaques
Orbec
Broglie-Orbec
Eure
Claville
Livarot
Broglie
Beaumesnil
la Bonneville-s.-Iton
Évreux
Ste-Foy-de-Montgommery
Meulles
la Ferrière-s.-Risle
Conches-en-Ouche
Ammeville
Pays d'Ouche
Charentonne
Vimoutiers
Montreuil-l'Argillé
la Barre-en-Ouche
Le Sap
la Neuve-Lyre
Manthelon
Vie
Monnai
Touques
Risle
Trun
Les Baux-de-Breteuil
Survie
La Ferté-Frênel
La Fontaine
la Ferrière
Chambois
Gacé
Rugles
Breteuil
Damville
Grandvilliers
Iton
A29
A131
A13
A28
A150
A151
E05
E44
E46
E402

128

D
E
F
St-Valery-sur-Somme
Abbeville
St-Riquier
Doullens
Beaumetz
Brutelles
St-Blimont
Ault
Mers-les-Bains
Le Tréport
Eu
Criel-sur-Mer
Feuquières-en-Vimeu
Tours-en-Vimeu
Beauchamps
Moyenneville
Pont-Remy
Ailly-le-Haut-Clocher
Flixecourt
Canaples
Naours
Fienvillers
Grottes-refuges
Vignacourt
Bocage
Somme
Condé-Folie
Bourdon
Huppy
Hallencourt
Airaines
Gamaches
Le Translay
Oisemont
St.-Martin-le-Gaillard
le Mesnil-Réaume
St.-Martin-en-Campagne
Ramoures
Picquigny
Blangy-s.-Bresle
Grandcourt
Senarpont
St-Maulvis
Molliens-Dreuil
AMIENS
Salouël
Envermeu
Fresnoy-Folny
Foucarmont
Réalcamp
Hornoy-le-Bourg
Camps-en-Amiénois
Douvrend
Londinières
Beaucamps-le-Vieux
Quevauvillers
Dury
Pays de Bray
Mesnières-en-Bray
Neufchâtel-en-Bray
Illois
Aumale
Poix-de-Picardie
Conty
Ailly-sur-
Essertaux
Bellencombre
Forges-les-Eaux
Saëns
Conteville
Abancourt
Fouilloy
Croissy-sur-Selle
Gaillefontaine
Grandvilliers
St.-Martin-Osmonville
Sommery
Formerie
Feuquières
Breteuil
Crèvecœur-le-Grand
St-Maur
St-Samson-la-Poterie
Hardivilliers
Buchy
Bosc-Bordel
Marseille-en-Beauvaisis
Froissy
Noyers
Argueil
Dampierre-en-Bray
Thérain
Songeons
Luchy
St-Omer-en-Chaussée
St-Martin
Blainville-Crevon
Préaux
Crillon
La Brèche
La Feuillie
Gournay-en-Bray
Troissereux
Lachapelle-aux-Pots
Haudivillers
Martainville-Epreville
Forêt de Lyons
St-Germer-de-Fly
Beauvais
Allonne
Bresles
Vascœuil
Neuf-Marché
Lyons-la-Forêt
Le Coudray-St-Germer
Bailleul-sur-Thérain
Fresne-le-Plan
Charleval
Morgny
Sérifontaine
Pays de Thelle
Auneuil
Abbaye de Fontaine-Guérard
Fleury-s.-Andelle
Abbaye de Mortemer
Ecouis
Etrépagny
Noailles
Auteuil
Pont-St-Pierre
Côte des 2 Amants
Vexin Normand
Trie-Château
Chaumont-en-Vexin
St-Crépin-Ibouvillers
Ully-St-Georges
Ste-Geneviève
Heudeville
Val-de-Reuil
Gisors
St-Pierre-du-Vauvray
les Andelys
les Thilliers-en-Vexin
Boury
Fresne-Léguillon
Méru
Neuilly-en-Thelle
Muids
Gaillard
St-Clair-sur-Epte
Lavilletertre
Hénonville
Tourny
Vexin Français
Lierville
Magny-en-Vexin
Chars
Marines
Vallangoujard
Persan
Gaillon
Port-Mort
Parc. Nat. Rég. du Vexin Français
L'Isle-Adam
Aubevoye
Ambleville
Villarceaux
Val-d'Oise
Autheuil-Authouillet
Vernon
Gasny
La Roche-Guyon
Avernes
Osny
Pontoise
Château de Bizy
Giverny
Aincourt
Vigny
Taverny
Chambray
Bonnières-sur-Seine
Vétheuil
Fontenay-St-Père
Meulan
Conflans-Ste-Honorine
Pacy-s.-Eure
Rosny-s.-S.
Mantes-la-Jolie
Les Mureaux
Andrésy
PARIS
Prey
Breuilpont
Yvelines
Poissy
Boisset-les-Prévanches
Mantes-la-Ville
Epône
Maule
Maisons-Laffitte
Bueil
Longnes
Septeuil
Réserve Africaine
St-Germain-en-Laye
Nanterre
Saint-André-de-l'Eure
Ivry-la-Bataille
Le Mesnil-Simon
Thoiry
Beynes
BOULOGNE-B.
Berchères-sur-Vesgre
Orgerus
Versailles
Marcilly-s.-E.
Anet
Bû
Eure
Seine
Oise
A16
A28
A29
A13
A15
A12
E402
E44
E46
E05
PARIS
127
129

125
128
A
B
C
1
2
3
4
5
6
Sword Beach
Vaches Noires
Lion-s.-M.
Merville-Franceville-Plage
Cabourg
Ouistreham
Dives-sur-Mer
Pont-l'Évêque
Beuzeville
Annebault
Brucourt
Autoroute de Normandie
Hérouville-St-Clair
Campagne
Hérouvillette
Dozulé
Valsemé
Blangy-le-Château
Cormeilles
Epaignes
Lieurey
Le Breuil-en-Auge
Moyaux
Beuvron-en-Auge
Léaupartie
Troarn
Cambremer
Lisieux
Bernay
CAEN
de Caen
Giberville
Argences
Corbon
La Boissière
Thiberville
St-Martin-de-la-Lieu
St-Victor-de-Chrétien
Clinchamps-s.-Orne
Mézidon-Canon
St-Julien-le-Faucon
St-Germain-la Campagne
Calvados
St-Sylvain
Maizières
Bretteville-s.-Laize
Grainville-Langannerie
St-Pierre-s.-D.
Boissey
Fervaques
Orbec
Broglie-Orbec
Thury-Harcourt
Livarot
Jort
Ussy
Ste-Foy-de-Montgommery
Ammeville
Meulles
Normande
Clécy
Collines de Normandie
Vimoutiers
Montreuil-l'Argillé
Croix de la Faverie
Vallée de
Falaise
Le Sap
Monnai
Fourneaux-le-Val
Crocy
Vignats
Trun
Survie
La Fontaine
La Ferté-Frenel
Roche d'Oëtre
Pierrefitte
Chambois
Gacé
Taillebois
l'Orne
Putanges-Pont-Ecrepin
Le Bourg-St-Léonard
Exmes
Landigou
Argentan
Haras du Pin
Echauffour
Fromentel
Ecouché
Nonant-le-Pin
Le Merlerault
Ste Gauburge-Ste Colombe
Les Aspres
Briouze
Moulins-la-Marche
Orne
Rânes
Boucé
Château d'O
Mortrée
La Sauvagère
La Ferté-Macé
Courtomer
Abb. la Trappe
Juvigny-sous-Andaine
Jouédu-Bois
La Lande-de-Goult
Sées
Ste-Scolasse-sur-Sarthe
Carrouges
Régional
Bagnoles-de-l'Orne
Naturel
Essay
Forêt Domaniale d'Écouves
Bazoches-sur-Hoëne
Le Mêle-sur-Sarthe
Couterne
Mayenne
Valframbert
Couptrain
Pré-en-Pail
St-Denis-sur-Sarthon
Alençon
Alençon-Nord
Blèves
Javron-les-Chapelles
Mont des Avaloirs
La Fresnaye-s.-Chédouet
Pervenchères
St-Pierre-des-Nids
St-Céneri-le-Gérei
Neufchâtel-en-Saosnois
Mamers
Le Ribay
Villaines-la-Juhel
Normandie
Rouessé-Fontaine
Saint-Paul-le-Gaultier
La Hutte
Courgains
Igé
St-Cosme-en-Vairais
les Coëvrons
Bais
Fresnay-s.-S.
Dangeul
Butte de Montaigu
Le Rocher
Mt Rochard
St-Pierre-sur-Orthe
Sarthe
Beaumont-s.-S.
Marolles-lès-Brault
Ballon
Sillé-le-Guillaume
Maine
Bonnétable
La Roche-Pichemer
St-Jean-d'Assé
Courcemont
Evron
Montbizot
Parennes
Conlie
Tuffé
Montecler
Sainte-Suzanne
La Bazoge
Autoroute l'Océane
Savigné-l'Evêque
Lombron
Bernay
Le Mans-Nord
Le Mans-Est
St-Denis-d'Orques
Sablé/Sille-le-Guill.
Chassillé
Montfort-le-Gesnois
Connerré
St-Jean-sur-Erve
Yvré-l'Évêque
Thorigné-sur-Dué
Rochefort
Thorigné-en-Charnie
Coulans-s.-Gée
Le Mans Z.I. Sud
Grotte à Margot
Brûlon
Loué
Allonnes
LE MANS
Château de l'Isle
Vallon-
Circuit automobile
Bouloire
A13
A28
A88
A11
A81
E46
E402
E50
E501

127
Vexin Normand
Ecouis
Etrépagny
Elbeuf
Cléon
Pont-de-l'Arche
Val-de-Reuil
Heudeuville
Côte des 2 Amants
Bourgtheroulde-Infreville
Brionne
Le Gros-Theil
la Haye-du-Theil
la Haye-Malherbe
Amfreville-la-Campagne
Louviers
Val de Reuil
St-Pierre-du-Vauvray
Muids
Vironvay
les Andelys
Gaillard
les Thilliers-en-Vexin
Bourg
St-Clair-sur-Epte
Tourny
Brionne Harcourt
Quatremare
Acquigny
Gaillon
Port-Mort
Champ de Bataille
Hondouville
Ailly
Gaillon les Andelys
Ambleville
Villarceaux
Fontaine-la-Soret
Le Neubourg
Autheuil-Authouillet
Vernon
Gasny
La Roche-Guyon
Châtde Bizy
Giverny
Bonnières-sur-Seine
Vétheuil
Beaumont-le-Roger
Quittebeuf
Normanville
Emanville
Chambray
Autoroute de Normandie
Claville
Eure
Pacy-s.-Eure
Chaufour
Bonnières
Rosny-s.-S.
Mantes-la-Jolie
la Ferrière-s.-Risle
la Bonneville-s.-Iton
Évreux
Prey
Boisset-les-Prévanches
Breuilpont
Mantes-la-Ville
Barre-en-Ouche
Conches-en-Ouche
Bueil
Longnes
Yvelines
la Neuve-Lyre
Manthelon
Saint-André-de-l'Eure
Ivry-la-Bataille
Septeuil
Le Mesnil-Simon
Thoiry
Les Baux-de-Breteuil
Damville
Coudres
Anet
Berchères-sur-Vesgre
Orgerus
Rugles
Breteuil
Grandvilliers
Marcilly-s.-E.
Bû
Houdan
Chandai
Bourth
Piseux
Nonancourt
St-Rémy-s.-A.
Gambais
Condé-sur-Vesgre
Verneuil-s.-Avre
Tillières-sur-Avre
Dreux
Broué
Crulai
Laons
Saint-Léger-en-Yvelines
Boissy-lès-Perche
Brézolles
Villemeux-sur-Eure
Faverolles
Rochers d'Angennes
Saint-Maurice-lès-Charencey
Blévy
Blaise
Le Boullay-Mivoye
Nogent-le-Roi
La Ferté-Vidame
Le Mesnil-Thomas
Tremblay-l.-V.
Épernon
Sainte-Anne
Senonches
Châteauneuf-en-Thymerais
Maintenon
l'Arche de la Vallée
Longny-au-Perche
Digny
Clévilliers
Vérigny
Gallardon
Chartres Gasville
Manou
Pontgouin
Jouy
Lèves
Mard-Reno
La Madeleine-Bouvet
Parc. Nat. Rég.
La Loupe
Courville-sur-Eure
Cathédrale
Mainvilliers
Aunea
Houville-la-Branche
Rémalard
Champrond-en-Gâtine
Chartres
St-Georges-sur-Eure
Lucé
Luisant
Sours
Béville-le-Comte
Colonard-Corubert
Condé-sur-Huisne
Montlandon
Villebon
Les Corvées-les-Yys
Bailleau-le-Pin
Thivars/Ch.-Centre
Autoroute l'Océane
Boisville-la-Saint-Père
Dammarie
du Perche
Nogent-le-Rotrou
Thiron
Combres
Eure-et-Loir
Illiers-Combray
Luplanté
Beauvilliers
Voves
Beaumont-les-Autels
Chassant
Brou-Frazé
Frazé
Saumeray
Meslay-le-Vidame
Ymonville
Ceton
Brou/Nogent-le-Rotrou
Brou-Damp.
Brou
Dangeau
Villars
Route des Parcs et Jardins
La Ferté-Bernard
St-Bomer
Authon-du-Perche
Unverre
Ozanne
Sancheville
Villeprévost
Bonneval
Cormainville
Orgères-en-Beauce
Courgenard
La Bazoche-Gouet
Chapelle-Royale
Courtangis
Montmirail
Logron
Marboué
Varize
Arrou
St-Denis-les-Ponts
Châteaudun
Guillonville
Arville
Courtalain
Saint-Cloud-en-Dunois
Patay
Vibraye
La Fontenelle
Montigny-le-Gannelon
Tournoisis
Droué
La Chapelle-du-Noyer
Berfay
Mondoubleau
La Ferté-Villeneuil
Verdes
Prénouvellon
Rozières-en-Beauce
20 km

KARTENLEGENDE

Autobahn mit Anschlussstellen
Motorway with junctions

Autobahn in Bau
Motorway under construction

Mautstelle
Toll station

Raststätte mit Übernachtung
Roadside restaurant and hotel

Raststätte
Roadside restaurant

Tankstelle
Filling-station

Autobahnähnliche Schnellstraße mit Anschlussstelle
Dual carriage-way with motorway characteristics with junction

Fernverkehrsstraße
Trunk road

Durchgangsstraße
Thoroughfare

Wichtige Hauptstraße
Important main road

Hauptstraße
Main road

Nebenstraße
Secondary road

Eisenbahn
Railway

Autozug-Terminal
Car-loading terminal

Zahnradbahn
Mountain railway

Kabinenschwebebahn
Aerial cableway

Eisenbahnfähre
Railway ferry

Autofähre
Car ferry

Schifffahrtslinie
Shipping route

Landschaftlich besonders schöne Strecke
Route with beautiful scenery

Alleenstr. — Touristenstraße
Tourist route

XI-V — Wintersperre
Closure in winter

Straße für Kfz gesperrt
Road closed to motor traffic

8% — Bedeutende Steigungen
Important gradients

Für Wohnwagen nicht empfehlenswert
Not recommended for caravans

Für Wohnwagen gesperrt
Closed for caravans

Wartenstein *Umbalfälle* — Sehenswert: Kultur - Natur
Of interest: culture - nature

Badestrand
Bathing beach

Besonders schöner Ausblick
Important panoramic view

Ausflüge & Touren
Excursions & tours

Nationalpark, Naturpark
National park, nature park

Sperrgebiet
Prohibited area

Kirche
Church

Kloster
Monastery

Schloss, Burg
Palace, castle

Moschee
Mosque

Ruinen
Ruins

Leuchtturm
Lighthouse

Turm
Tower

Höhle
Cave

Ausgrabungsstätte
Archaeological excavation

Jugendherberge
Youth hostel

Allein stehendes Hotel
Isolated hotel

Berghütte
Refuge

Campingplatz
Camping site

Flughafen
Airport

Regionalflughafen
Regional airport

Flugplatz
Airfield

Staatsgrenze
National boundary

Verwaltungsgrenze
Administrative boundary

Grenzkontrollstelle
Check-point

Grenzkontrollstelle mit Beschränkung
Check-point with restrictions

PARIS — Hauptstadt
Capital

MARSEILLE — Verwaltungssitz
Seat of the administration

REGISTER

Im Register sind alle in diesem Reiseführer erwähnten Orte und Ausflugsziele verzeichnet. Halbfette Seitenzahlen verweisen auf den Haupteintrag, kursive auf ein Foto.

> SCHREIBEN SIE UNS!

Liebe Leserin, lieber Leser,

wir setzen alles daran, Ihnen möglichst aktuelle Informationen mit auf die Reise zu geben. Dennoch schleichen sich manchmal Fehler ein – trotz gründlicher Recherche unserer Autoren/innen. Sie haben sicherlich Verständnis, dass der Verlag dafür keine Haftung übernehmen kann.

Wir freuen uns aber, wenn Sie uns schreiben.

Senden Sie Ihre Post an die
MARCO POLO Redaktion,
MAIRDUMONT, Postfach 31 51,
73751 Ostfildern,
info@marcopolo.de

IMPRESSUM

Titelbild: Klippen am Strand von Étretat (Look: Herzig)
Fotos: Pierre Banchet (12 o.); D. Basse (40); P. O. Basse (135); Cie Joe Sature & Ces Joyeux Osselets: Thierry Seni (15 o.); Feldhoff & Martin (69); © fotolia.com: DevilGB (102 u. r.), Friday (103 u. r.), mari.a. (102 M. r.), spot-shot (103 o. l.); F. M. Frei (U. l., 11, 30/31, 75, 93, 104/105); Michèle Frêné Conseil: Didier Morel (14 M.); H. Friedrichsmeier (3 l.); HB Verlag: Modrow (107, 111), Pasdzior (4 l., 19, 24/25, 27, 28, 46/47, 48, 83, 89); Huber: Fantuz (6/7), Leimer (60/61), Giovanni Simeone (96/97); IFA-Bilderteam: Diaf (108/109); © iStockphoto.com: Gustaf Brundin (103 M. r.), Ceneri (14 o.), Jovana Cetkovic (13 o.), Volker Kreinacke (12 u.), Chris Litwin (15 u.), Linda & Colin McKie (103 M. l.), Michel de Nijs (13 u.), Dave Wetzel (102 M. l.); Laif: Heeb (70/71), Hemispheres (9, 22/23, 45, 54, 87), Modrow (16/17, 23, 38, 43), RAPHO (51); Librairie Penina Frérot: Penina Frérot (14 u.); Look: Herzig (1); Mauritius: imagebroker.net (29), Photononstop (28/29, 58), Superstock (90/91); C. Naundorf (26, 110); Office de Tourisme de Caen (102 o. l.); M. Pasdzior (2 r., 36, 53, 63, 67, 101); Picture Alliance/Vintage: Jüttner (99); Schapowalow: Huber (4 r.); T. Siegmann (80); Siegmann/Naundorf (2 l., 5); M. Thomas (U. M., 3 M., 21, 32, 35, 56, 84, 122/123); Vintage: Jüttner (U. r., 65, 72, 79); Visum: Staiger (22); E. Wrba (3 r., 77, 94)

9., aktualisierte Auflage 2008

Verlegerin: Stephanie Mair-Huydts; Chefredaktion: Michaela Lienemann, Marion Zorn
Autor: Hans-Peter Reiser; Bearbeitung: Dieter Basse; Redaktion: Nikolai Michaelis
Programmbetreuung: Cornelia Bernhart, Jens Bey; Bildredaktion: Gabriele Forst, Silwen Randebrock
Szene/24h: wunder media, München
Kartografie Reiseatlas: © MAIRDUMONT, Ostfildern
Innengestaltung: Zum goldenen Hirschen, Hamburg; Titel/S. 1–3: Factor Product, München
Sprachführer: in Zusammenarbeit mit Ernst Klett Sprachen GmbH, Stuttgart, Redaktion PONS Wörterbücher

Printed in Germany. Gedruckt auf 100% chlorfrei gebleichtem Papier

FÜR IHRE NÄCHSTE REISE

gibt es folgende MARCO POLO Titel:

DEUTSCHLAND
Allgäu
Amrum/Föhr
Bayerischer Wald
Berlin
Bodensee
Chiemgau/Berchtesgadener Land
Dresden/Sächsische Schweiz
Düsseldorf
Eifel
Erzgebirge/Vogtland
Franken
Frankfurt
Hamburg
Harz
Heidelberg
Köln
Lausitz/Spreewald/Zittauer Gebirge
Leipzig
Lüneburger Heide/Wendland
Mark Brandenburg
Mecklenburgische Seenplatte
Mosel
München
Nordseeküste Schleswig-Holstein
Oberbayern
Ostfriesische Inseln
Ostfriesland/Nordseeküste Niedersachsen/Helgoland
Ostseeküste Mecklenburg-Vorpommern
Ostseeküste Schleswig-Holstein
Pfalz
Potsdam
Rheingau/Wiesbaden
Rügen/Hiddensee/Stralsund
Ruhrgebiet
Schwäbische Alb
Schwarzwald
Stuttgart
Sylt
Thüringen
Usedom
Weimar

ÖSTERREICH | SCHWEIZ
Berner Oberland/Bern
Kärnten
Österreich
Salzburger Land
Schweiz
Tessin
Tirol
Wien
Zürich

FRANKREICH
Bretagne
Burgund
Côte d'Azur/Monaco
Elsass
Frankreich
Französische Atlantikküste
Korsika
Languedoc-Roussillon
Loire-Tal
Normandie
Paris
Provence

ITALIEN | MALTA
Apulien
Capri
Dolomiten
Elba/Toskanischer Archipel
Emilia-Romagna
Florenz
Gardasee
Golf von Neapel
Ischia
Italien
Italienische Adria
Italien Nord
Italien Süd
Kalabrien
Ligurien/Cinque Terre
Mailand/Lombardei
Malta/Gozo
Oberital. Seen
Piemont/Turin
Rom
Sardinien
Sizilien/Liparische Inseln
Südtirol
Toskana
Umbrien
Venedig
Venetien/Friaul

SPANIEN | PORTUGAL
Algarve
Andalusien
Barcelona
Baskenland/Bilbao
Costa Blanca
Costa Brava
Costa del Sol/Granada
Fuerteventura
Gran Canaria
Ibiza/Formentera
Jakobsweg/Spanien
La Gomera/El Hierro
Lanzarote
La Palma
Lissabon
Madeira
Madrid
Mallorca
Menorca
Portugal
Spanien
Teneriffa

NORDEUROPA
Bornholm
Dänemark
Finnland
Island
Kopenhagen
Norwegen
Schweden
Südschweden/Stockholm

WESTEUROPA | BENELUX
Amsterdam
Brüssel
Dublin
England
Flandern
Irland
Kanalinseln
London
Luxemburg
Niederlande
Niederländische Küste
Schottland
Südengland

OSTEUROPA
Baltikum
Budapest
Estland
Kaliningrader Gebiet
Lettland
Litauen/Kurische Nehrung
Masurische Seen
Moskau
Plattensee
Polen
Polnische Ostseeküste/Danzig
Prag
Riesengebirge
Russland
Slowakei
St. Petersburg
Tschechien
Ungarn
Warschau

SÜDOSTEUROPA
Bulgarien
Bulgarische Schwarzmeerküste
Kroatische Küste/Dalmatien
Kroatische Küste/Istrien/Kvarner
Montenegro
Rumänien
Slowenien

GRIECHENLAND | TÜRKEI | ZYPERN
Athen
Chalkidiki
Griechenland Festland
Griechische Inseln/Ägäis
Istanbul
Korfu
Kos
Kreta
Peloponnes
Rhodos
Samos
Santorin
Türkei
Türkische Südküste
Türkische Westküste
Zakinthos
Zypern

NORDAMERIKA
Alaska
Chicago und die Großen Seen
Florida
Hawaii
Kalifornien
Kanada
Kanada Ost
Kanada West
Las Vegas
Los Angeles
New York
San Francisco
USA
USA Neuengland/Long Island
USA Ost
USA Südstaaten/New Orleans
USA Südwest
USA West
Washington D.C.

MITTEL- UND SÜDAMERIKA
Argentinien
Brasilien
Chile
Costa Rica
Dominikanische Republik
Jamaika
Karibik/Große Antillen
Karibik/Kleine Antillen
Kuba
Mexiko
Peru/Bolivien
Venezuela
Yucatán

AFRIKA | VORDERER ORIENT
Ägypten
Djerba/Südtunesien
Dubai/Vereinigte Arabische Emirate
Israel
Jerusalem
Jordanien
Kapstadt/Wine Lands/Garden Route
Kenia
Marokko
Namibia
Qatar/Bahrain/Kuwait
Rotes Meer/Sinai
Südafrika
Tunesien

ASIEN
Bali/Lombok
Bangkok
China
Hongkong/Macau
Indien
Japan
Ko Samui/Ko Phangan
Malaysia
Nepal
Peking
Philippinen
Phuket
Rajasthan
Shanghai
Singapur
Sri Lanka
Thailand
Tokio
Vietnam

INDISCHER OZEAN | PAZIFIK
Australien
Malediven
Mauritius
Neuseeland
Seychellen
Südsee

> UNSER INSIDER

MARCO POLO Autor Dieter Basse im Interview

Der gelernte Fotojournalist Dieter Basse lebt seit den Neunzigerjahren als freier Journalist und Fotograf in der Normandie.

Sie leben seit den 1990er-Jahren in der Normandie. Wie ist es dazu gekommen?

Meinen Vater zwang man vor 65 Jahren als „Eroberer" in die Normandie. Sein Sohn lebt hier – durchaus freiwillig – als Eroberer eines Herzens: von Françoise, einer waschechten Normannin. Sie kam einst ans Brandenburger Tor, um den Fall der Mauer zu bestaunen. Ich verfolgte die Ereignisse für eine Berliner Presseagentur. Ein Jahr später heirateten wir an einem ebenfalls symbolträchtigen Ort, am Omaha Beach, einem der fünf Landungsstrände während der alliierten Landung in der Normandie.

Wie geht es Ihnen dort?

Seit einem Jahrzehnt lebe ich nun mit immer noch wachsender Begeisterung in der Normandie und entdecke im Rahmen meiner Arbeit als freier Fotojournalist – unter anderem in Diensten der regionalen Tourismusorganisationen – beinahe täglich Neues. Angesichts der Vielseitigkeit der Region eine niemals endende Herausforderung. Ebenso niemals endend übrigens wie die Arbeit im Garten rund ums Haus, der unabdingbar zum hiesigen Lebensgefühl gehört. Und selbst wenn die Kapriolen der hiesigen Verwaltung den Urenkel eines preußischen Beamten ab und an in Anfälle gelinder Verzweiflung treiben: Ich bin gekommen, um zu bleiben. Und nicht wenig stolz darauf, Ihnen „meine" Normandie so nahe wie möglich bringen zu können!

Sprechen Sie Französisch?

Mein einstiges Schulfranzösisch hat der hiesige Alltag in ein ziemlich flüssiges Idiom mit germanischem Akzent verwandelt – dem man hier tatsächlich einen gewissen Charme nachsagt! Die Korrekturfunktionen der einschlägigen PC-Textprogramme erweisen sich bei meiner Korrespondenz in Französisch allerdings immer noch als äußerst hilfreich.

Wie erleben Sie die Normannen?

Als gebürtiger Westfale begreife ich bestens, dass man nicht jedem Fremden sofort um den Hals fällt. Aber die beharrliche Zurückhaltung der Normannen – Motto: Wer zuerst spricht, hat unrecht – weicht einer erfrischenden Offenheit voll knorrigem Humor, wenn man sich als respektvoller Partner erweist. So habe ich ohne jede Einschränkung das Gefühl, hier herzlich willkommen zu sein.

Und die normannische Küche?

Ich schaue inzwischen schon nicht mehr ins Kochbuch, wenn ich eine Ente in Calvadossahne zubereite. Wobei ich allerdings, entgegen alter Landessitte, eher die Version „light" wähle.

> BLOSS NICHT!

Umsicht, Rücksicht, Vorsicht – unterwegs in der Normandie

Ohne Reservierung in der Hochsaison

Die Normandie gilt im Juli und August als klassische Sommerfrische. In Hotels, Ferienhäusern und sogar auf Campingplätzen heißt es dann: „complet". Wer über keine Reservierung verfügt, läuft Gefahr, keine Bleibe zu finden.

Leichtsinnig baden und wattwandern

Alle sechs Stunden bei Ebbe zieht sich das Meer vor allem in der Baie du Mont-Saint-Michel weit zurück – und läuft dann gefährlich schnell wieder auf. In Zeitungen und an den Stationen der Strandwächter stehen die genauen Zeiten von Hoch- und Niedrigwasser, an Letzteren finden Sie auch Hinweise auf Strömungen oder andere Gefahrenquellen. In der Umgebung des Mont-Saint-Michel sollten Sie wegen gefährlicher Treibsände nur geführt wattwandern. Ähnliche Vorsicht gilt beim Baden im Meer, vor allem an unbewachten Strandabschnitten.

Mit großen Scheinen bezahlen

Da die Franzosen mittlerweile selbst kleinste Einkäufe mit der Kreditkarte bezahlen, können kleine Läden und Cafés oft nicht auf 100 oder gar 200 Euro herausgeben, morgens zum Teil nicht einmal auf 50 Euro.

Zu schnell fahren

Wer es zu eilig hat, riskiert erhebliche Summen. Mit modernsten Geräten geht die französische Polizei gegen Raser vor und bittet sofort zur Kasse. So kostet – nach Abzug einer Toleranz von 5 km/h – schon 1 km Überschreitung des Limits im Ort 90 Euro, außerorts 45 Euro. Bei 30 km/h über dem erlaubten Maximum können Führerscheinentzug und Strafanzeige folgen.

Von alliierter „Invasion" reden

Relativ allergisch reagiert man in der Normandie, wenn jemand von der alliierten „Invasion" spricht. Denn dieses ist die Bezeichnung des Hitler-Regimes für die Landung der verbündeten Streitkräfte im Juni 1944. Invasion bedeutet „Einmarsch feindlicher Truppen". Die Alliierten kamen aus französischer Sicht aber durchaus als Freunde, um ihr Land von den deutschen „Invasoren" zu befreien.

In Touristenhochburgen essen

Nicht wenige Restaurantbesitzer profitieren gnadenlos von der Beliebtheit touristischer Highlights. Tun Sie es den Einheimischen gleich und speisen Sie ein wenig abseits. Die Autokennzeichen auf dem Parkplatz verraten Ihnen, wo.

Handtasche im Auto lassen

Lassen Sie nichts sichtbar im Auto liegen – vor allem dann, wenn es an einem einsamen Platz, zum Beispiel am Strand, abgestellt ist.